Lotte Bormuth

Vom reichen Duft des Lebens

francke

Über die Autorin:

Lotte Bormuth ist eine der erfolgreichsten christlichen Autorinnen Deutschlands. In über 100 Titeln hat sie mit Lebensbildern und eigenen Erlebnissen vielen Menschen Trost, Freude und Glaubensmut vermittelt. 1945 als Flüchtlingskind nach Deutschland gekommen, engagiert sie sich heute für syrische Flüchtlinge in ihrem Umfeld.

Bibliografische Information Der Deutschen Nationalbibliothek. Die Deutsche Nationalbibliothek verzeichnet diese Publikation in der Deutschen Nationalbibliografie; detaillierte bibliografische Daten sind im Internet über http://dnb.dnb.de abrufbar.

ISBN 978-3-96362-011-9

35037 Marburg an der Lahn
Umschlagbild: © shutterstock.com / freya-photographer
Umschlaggestaltung: Verlag der Francke-Buchhandlung GmbH
Satz: Verlag der Francke-Buchhandlung GmbH
Printed in Czech Republic

www.francke-buch.de

Inhalt

Fröhliche Post

Solch einen Brief habe ich noch nie erhalten, obwohl mir fast täglich mehrere Briefe ins Haus flattern. Schon der rosarote Umschlag fiel aus dem gewöhnlichen Rahmen. Neben meine Adresse hatte Andrea ein lustiges Bild gemalt und unter ihren Absender hatte sie noch den Satz geschrieben: „Ein sehr freundlicher Brief!“ Aus Hamburg ist er gekommen mit einem herzlichen Gruß auf der Vorderseite. Die junge Dame muss wohl mein Weihnachtsbuch gelesen haben, denn darauf nahm sie Bezug. So schrieb sie:

„Wunderbare Weihnachtspost!
Ein herrliches Buch!
Gut geschrieben!
Spannend, das muss ich sagen!“

Dann folgte:

„Liebe Lotte Bormuth!
Ich erhielt das von Ihnen geschriebene Buch als Geschenk. Ich habe es sofort gelesen. Je-

den Tag lag es mir auf den Knien. Diese 18 Geschichten, in denen Sie Erlebnisse aus Ihrem Alltag mit Menschen schildern und Ihre Erfahrungen mit Jesus, waren für mich beeindruckend. Besonders die Geschichte von Rainer auf einer der letzten Seiten hat mich bewegt. Da wird ein junger Mann auf wundersame Weise mit Jesus bekannt. Sie haben dann mit ihm über den Glauben gesprochen und ihm aufgezeigt, wie er den Weg zu ihm finden kann. Rainer hatte gerade den Tod seiner lieben Großmutter erlitten, bei der er seine Jugend mit seinen Geschwistern zugebracht hat. Der Tod seiner geliebten Oma war ein tragischer Eingriff in sein junges Leben. Der Verlust eines solch lieben Menschen hat ihm den Boden unter den Füßen weggezogen und ihn fast in die Verzweiflung getrieben. Da haben Sie, liebe Frau Bormuth, ihm Mut gemacht und ihm gezeigt, wie er zum Frieden mit Gott finden und das schwere Schicksal seines Lebens ertragen kann. Vor allen Dingen war es das Gebet, das Sie mit ihm gesprochen haben, das ihn in die Verbindung zu seinem Erlöser gebracht hat. Mich hat diese Erzählung von Rainer gepackt, denn auch mein Leben war nicht immer einfach. Auch von Ihrer so großen Familie bin ich beeindruckt. Und dann bleibt Ihnen noch die Zeit, ein so wertvolles Buch zu schreiben. Das ist erstaunlich! Jedenfalls finde ich es sehr gut und hilfreich. Ein großes, dickes Lob von mir, liebe Frau Bormuth. Auch all Ihre Lieben möchte ich grüßen. Ihr Buch hat mir auch das schönste Erleben in meinem Dasein geschenkt. Gerade die Geschichte von Rainer hat mir den Weg zu Gott eröffnet. Auch ich habe gemerkt, dass Jesus an meine Türe klopft. Ich vernahm seine Stimme und öffnete ihm meine Herzenstür. Dann bat ich ihn auch, zu mir zu kommen. Nun hat Jesus Platz an meiner Seite gefunden.

Solch eine Begegnung mit Christus hatte ich zuvor noch nie in meinem Leben erfahren, auch wenn ich sonst gute christliche Bücher gerne lese. Für mich war Ihr Weihnachtsbuch wirklich etwas ganz Besonderes. Christus ist nun mein Herr. Er hat von mir Besitz ergriffen. Nun fühle ich mich aufs Innigste mit Ihnen verbunden.

Gott segne Sie, und schreiben Sie weiter solche Botschaften, die den Menschen den Weg zum ewigen Heil zeigen. Danke, Danke!

Danke!
Liebe Grüße!
Ihre Andrea aus Hamburg

Mich hat dieser Brief mit großer Freude und Dankbarkeit erfüllt. Denn das ist das Ziel, das ich beim Schrieben meiner Bücher verfolge. Menschen sollen zum Glauben finden. Möge Gott dieses junge Leben segnen.

Die ersten Tränen in der Bibel

Hagar und ihr kleiner Sohn in der Wüste gehören für mich zu den ergreifendsten Erzählungen im Alten Testament. Zum ersten Mal wird hier in der Bibel von den Tränen einer Mutter berichtet, die in der Wüste weint. Sie konnte das Elend ihres kleinen Sohnes nicht länger mit ansehen. Es muss wohl für sie entsetzlich gewesen sein, dass ihr kleiner Schatz solchen Qualen ausgesetzt war. Sie sah keine Möglichkeit, wie sie Ismael helfen könnte. Weit und breit war kein Brunnen zu entdecken, von dem sie das herrliche Nass hätte schöpfen können.

Ohne Wasser kann kein Mensch leben. Dabei fing zunächst alles in ihrem Leben so glücklich an. Sie fühlte sich von Abraham geliebt und beglückte ihn mit einem Kind, während Sara, seine ihm von Gott anvertraute Ehefrau, zunächst auf den Kindersegen verzichten musste.

Aber Hagars große Freude verkehrte sich in ein schreckliches Drama. Als Ismael geboren war, konnte Sara den Stolz und die Überheblichkeit der Nebenfrau nicht länger ertragen und der Streit mit ihr zerstörte ihre stille und höchste Freude. Sie schickte die Nebenfrau Abrahams kurzerhand in die Wüste. Nun lebte diese mit ihrem Jungen in der Einöde, wo es kein Wasser gab.

Durst ist eine entsetzlich quälende Macht. Wer nach einer schweren Operation keinen Schluck Wasser trinken darf, weiß, wovon ich rede. Das ist schlimmer zu verkraften als der Schmerz. Ich war acht Jahre alt, als ich am Blinddarm operiert wurde. „Wasser, Wasser!", rief ich nach der OP. Schließlich stellte mir die Nachtschwester einen Becher mit dem herrlichen Nass auf den Nachttisch, weil sie mein Weinen nicht länger ertragen konnte. „Aber Lotte, du darfst mit diesem Wattebausch, der danebenliegt, nur deine Lippen etwas befeuchten", sagte sie. Ich aber steckte den ganzen Wattebausch in den Mund, nachdem die Schwester das Zimmer wieder verlassen hatte. Für mich war dies die größte Wohltat und ich bin froh, dass dieser Ungehorsam keine bedrohlichen Konsequenzen hatte. Am nächsten Tag ging es mir dann schon viel besser.

Hagar aber irrte in der Wüste mit ihrem kleinen Ismael umher. Längst war der Wasserschlauch leer getrunken und nur noch ein Stückchen Brot war übrig geblieben. Da fing der Junge wieder an zu schreien: „Mutter, gib mir etwas zu trinken!“ Aber weit und breit war kein Brunnen zu entdecken. So legte Hagar das fast verdurstete Kind unter den Schatten eines Baumes und entfernte sich von ihm. Ihren Schmerz und ihre Tränen sollte ihr kleiner Schatz nicht sehen und sie selbst konnte das Leid ihres Lieblings auch nicht länger ertragen. In ihrem großen Kummer schrie sie zu Gott. Aber wo war er? Sie fühlte sich im schrecklichsten Elend, das einer Mutter auferlegt werden kann, völlig alleingelassen. In ihrer größten Verzweiflung erschien ihr ein Engel. Dadurch öffnete ihr Gott wieder die Augen und ihre Qual verwandelte sich in Freude. Gott selbst zeigte ihr einen Brunnen, der bis obenan mit Wasser gefüllt war.

Wenn der Vater im Himmel unser Elend sieht, dann greift er machtvoll ein und beglückt uns so sehr, dass wir es kaum begreifen. Das habe ich auch in gleicher Weise schon erlebt. Als wir unser Eigenheim in

Arolsen bauten, merkten wir, dass uns kurz vor dem Einzug noch eine Menge Geld fehlte. Immer neue Rechnungen landeten auf dem Schreibtisch, die wir nicht begleichen konnten. Meinen Vater wollte ich nicht bitten, uns aus diesem Desaster zu helfen. Wir waren schon so froh darüber gewesen, dass er uns zum Bau eines Hauses ermutigt, mit uns ein schönes Grundstück ausgesucht und auch selbst sehr tief in die Tasche gegriffen hatte, um uns finanziell zu unterstützen. Ihn noch einmal um Geld zu bitten, dazu fehlte mir der Mut. Meine Freude, nun bald aus der Enge ins eigene Haus einzuziehen, verwandelte sich in eine unerträgliche Last. Wenn ich schon den Briefträger von Weitem kommen sah, packte mich die Angst. Wie viele Rechnungen würde er mir jetzt wieder aushändigen? Ich traute mich auch nicht, Gott um Hilfe zu bitten, denn er hatte uns ja schon so wunderbar geholfen. Wir waren an günstige Darlehen gekommen und hatten mit seiner Hilfe diesen schönen Bauplatz gefunden.

Aber gerade in meiner großen Anfechtung, nicht genügend Geld zu haben, um den Bau fertigzustellen, erreichte mich ein unwahrscheinliches Glück. Wieder war es der Briefträger, der mich diesmal aber nicht ins Unglück stürzte, sondern mich ein Wunder erleben ließ. Ich erhielt einen Brief, von dem ich nicht glauben konnte, dass er uns von den finanziellen Nöten befreien könnte.

Das Lastenausgleichsamt aus der Kreisstadt teilte mir mit, dass für mich 8400 DM bereitlägen. Es wäre unbedingt nötig, schnellstmöglich meine Kontonummer zu übermitteln, damit mir dieser Betrag überwiesen werden könnte. Ich hielt dieses Schreiben in Händen, musste es erst zweimal lesen, bis ich es fassen konnte, welch ein Wunder geschehen war. Noch niemals war ich mit diesem Amt in Kontakt gekommen. Ich hatte auch keinen Antrag auf Geld zum Hausbau dort gestellt. Aber in diesem amtlichen Schreiben handelte es sich auch nicht um die Gewährung eines Kredits. Diese 8400 DM waren mir bar zugedacht und ich verstand lange nicht, wie dies überhaupt möglich war.

Von meinem Vater hörte ich dann später, dass der Vater meiner Mutter, Jakob Ohlhausen, jedem Enkelkind zur Taufe 10 Hektar gutes Ackerland geschenkt hatte. Notariell war dies beglaubigt worden. Mir war das nie bekannt gewesen, aber Vater hatte dieses Dokument auf die Flucht mitgenommen und für mich beim Lastenausgleichsamt einen Antrag ausgefüllt.

Mir liefen vor Freude über dieses Geschenk die Tränen über die Wangen. Nun konnten wir noch die letzten Rechnungen bezahlen und sogar noch etwas Geld für einige Anschaffungen ausgeben.

Als mein Mann aus der Schule nach Hause kam, war er zunächst sehr erschrocken. Er blickte mich an und sagte: „Lotte, was ist mit dir los? Warum hast so geweint?“ Ich zeigte ihm den Brief. Auch er musste genau wie ich das Schreiben zweimal lesen, bis er begriff, dass es eine überaus positive Nachricht war. Es gibt nicht nur Kummertränen, sondern auch Freudentränen. Unser Geldproblem war gelöst und bald waren alle Rechnungen vom Schreibtisch verschwunden.

Gott tut Wunder, die wir manchmal gar nicht erahnen können. Ich erinnere mich gerne an das Bibelwort: „Ehe sie rufen, will ich antworten.“ Das sind wunderbare Zusagen meines Herrn. Solch einem Vater im Himmel dürfen wir vertrauen.

Noch größer muss die Freude bei Hagar gewesen sein. In dem Augenblick, als sie plötzlich den Brunnen und das sprudelnde Wasser vor Augen sah, konnte auch sie Gottes Güte kaum fassen. Wo sie noch vor wenigen Augenblicken ihre Tränen von den Wangen wischen musste, öffnete sich nun vor ihr ein Brunnen mit quellfrischem Wasser.

Der Gott der Ewigkeit hatte schon von Anfang an den Durst des Kindes in seinem Blickfeld und ließ hier einen Brunnen graben, wo der fast verdurstende Ismael nach ihrem Schreien und Weinen frisches Wasser trinken konnte. Wie gierig muss das Kind das köstliche Nass hinuntergeschluckt haben.

Dieses Geschehen macht mich froh. Tränen müssen mich nicht blind werden lassen, sondern sehend. Unsere benetzten Augen kann Gott wieder heil werden lassen, damit wir seine Herrlichkeit begreifen. Gott wollte dieses Kind nicht sterben lassen, sondern es sollte leben. Der entsetzliche Schmerz einer Mutter, die nur noch den Tod ihres kleinen Schatzes vor Augen hatte, darf sich in ein Wunder ungeahnter Schönheit verwandeln, und die grausame, dürre Wüste, die nur noch den Tod verheißt, ließ auch mich Gottes Barmherzigkeit erleben. So wurden die ersten Tränen in der Bibel, die aus grenzenloser Trauer heraus vergossen wurden, durch ein Wunder in Freudentränen verwandelt, in unermessliches Glück. Das erbitte ich mir auch in meinem eigenen Leben von Gott, meinem Schöpfer.

Die Sorgen von Eltern

Nach Vorträgen, die ich halte, kommen oft Mütter – aber auch Väter – zu mir und bitten mich um ein seelsorgerliches Gespräch. Die Art ihrer Probleme ist vielseitig. Oft geht es um ihre heranwachsenden Kinder, die im Glauben an Jesus die rechte Spur verloren haben. So erzählte mir Frau Sommer (der Name ist geändert) Folgendes:

„Schon vor der Geburt meines Sohnes habe ich meine Hände gefaltet und Gott dieses Kind ans Herz gelegt. Mit etwa drei oder vier Jahren ging Andreas gerne zum Kindergottesdienst. Er hat mir danach immer die schönen Geschichten von der Geburt des Jesuskindes, von der Heilung der Tochter des Jairus und von Lazarus, der vom Tod ins Leben zurückgeholt wurde, erzählt. So erkannte er sehr früh, welch wunderbarem Herrn wir unser Leben anvertrauen dürfen. Mit 14 Jahren wurde Andreas im Kindergottesdienst tätig, und wenn von unserer Gemeinde eine Jugendfreizeit geplant wurde, fragte mich die Leitung, ob er die Gruppe als Mitarbeiter begleiten könnte. Wir hatten unsere wahre Freude an seinem Einsatz im Reich Gottes.

Aber dann geriet er in eine Krise. Plötzlich wollte er nicht mehr mit uns in den Gottesdienst gehen und war auch nicht mehr bereit, an christlichen Tagungen teilzunehmen. ‚Mutti, vor dem Abitur muss ich mich auf meine Prüfung konzentrieren. Ich finde keine Zeit wie früher, in der Gemeinde weiter mitzuhelfen.' Seine Haltung machte mir Not."

Mir persönlich ist es auch schon mal so ergangen wie Frau Sommer. Dies wurde mir durch ihr Gespräch wieder bewusst. Ich werde an einen Gottesdienst erinnert. Es war an einem wunderschönen Ostermorgen und zu Beginn der Feier grüßte der Pfarrer die versammelte Gemeinde mit dem Wort: „Die Gott lieben werden sein wie die Sonne, die aufgeht in ihrer Pracht." In meinem Leben aber war nichts von Pracht zu sehen. Ich hätte heulen können wie ein Hund, weil ich enttäuscht war, dass unsere Tochter lieber morgens ausschlafen wollte, als mit uns den großen Sieg Jesu über den Tod zu feiern. Ich war am Verzweifeln. Schließlich bemühte ich einen Seelsorger, damit er mir aus meiner Traurigkeit helfen möge. Er verstand meine Sorgen und machte mir Mut, meinen Tränen freien Lauf zu lassen. Seine herzliche Art, die mich in meinem Kummer verstand, erfüllt mich noch heute mit Dankbarkeit. Er sprach nur wenige Worte, und doch war dies sein wichtigster Satz: „So, Frau Bormuth, wir wollen uns niederknien und Gott alle Beschwernisse anvertrauen. Er hat Ihnen Ihre Tochter geschenkt. Betenden Herzens haben Sie sie aus seiner Hand empfangen. Unser Vater im Himmel wird es nicht zulassen, dass Ihre Tochter in der Irre zugrunde geht. Er wird auch für Ihr Kind einen Ausweg aus Ihrem jetzigen Befinden schaffen. Darauf wollen wir vertrauen."

Dieses gemeinsame Gebet wurde mir zur Hilfe. Ich hatte schon öfter Gottes Eingreifen in schwierigen Situationen erlebt. Sollte er mich jetzt im Dunkeln stehen lassen? Nein, niemals ließe er das geschehen! Das wurde mir zur Gewissheit. Ich musste noch fast ein Jahr um meine Tochter beten und kämpfen, aber dann erlebte ich doch die Erneuerung in ihrem Leben. Heute dient sie

Gott und ruft andere Menschen in die Gemeinschaft mit Christus.

Aus der Erfahrung, die ich machen durfte, konnte ich auch Frau Sommer Mut zusprechen. Es war mir sogar möglich, einige Monate später Andreas persönlich zu treffen.

Früher war er sogar mit einem unserer Söhne befreundet. Wenn wir zu einer christlichen Tagung fuhren, dann hat uns unser Sohn immer gebeten, dass Andreas mitfahren durfte. So erlebten die beiden in diesen Ferientagen die Nähe und Freude an Gott und hatten auch viel Spaß miteinander bei frohem Spiel und manch einem interessanten Gespräch. Dann aber trennten sich die Wege der beiden Freunde, weil die Familie von Andreas in eine andere Stadt zog. Mit seiner Mutter aber blieb ich brieflich in Verbindung.

Einmal rief mich die Mutter von Andreas an und weinte am Telefon. Es dauerte eine Weile, bis sie sich beruhigen konnte. Sie erzählte mir nun von ihren Konflikten mit ihrem Jüngsten. Andreas hatte nun schon zum dritten Mal seinen Beruf gewechselt und die neuen Freunde, mit denen er Umgang hatte, machten ihr Kummer. Zwei von ihnen waren in die Drogenszene gerutscht und sie war von der Angst gepeinigt, ihr Sohn könnte auch dieser Sucht erliegen. Ich versprach der Mutter, treu für ihren Sohn zu beten. Außerdem wollte ich Andreas über Weihnachten zu uns einladen. Ich rief ihn an und fragte ihn, ob er nicht über die Feiertage zu uns nach Marburg kommen könnte. Ich bräuchte dringend Hilfe bei der Gestaltung der Heilig-Abend-Feier für Bedürftige. Die Zahl der Besucher habe in den letzten Jahren stark zugenommen und die Zahl der Mitarbeiter sei nicht ausreichend.

Ich war überrascht, dass Andreas sofort zusagte. Ich stellte ihm einen anderen jungen Mann vor, der ebenfalls als Freiwilliger mithalf, und übertrug den beiden die Bedienung unserer Gäste. Für mich war seine Zusage die Erhörung meiner Gebete. Als ich in einer längeren Pause Andreas mit unserem jungen Pfarrer in ein Gespräch vertieft vor der Tür stehen sah, hat mich dies sehr gefreut. Er fand in Pfarrer Schmidt einen sehr guten Seelsorger für die mancherlei Konflikte in seinem Leben. Ich staunte über Andreas, als ich mich auch mit ihm unterhielt. Er war begabt und ich hätte mich so gefreut, wenn er sein Studium wieder aufgenommen hätte. Leider fehlte ihm dabei das Durchhaltevermögen. Taten sich vor ihm Schwierigkeiten auf, dann floh er in eine andere Ausbildungsmöglichkeit und fing etwas Neues an. Auch hatte er keine guten Freunde, denn sie führten ihn in manche Versuchung mit Drogen und Alkohol.

Leider verlor ich nach der Heilig-Abend-Feier Andreas wieder aus den Augen. Zwei Jahre später telefonierte seine Mutter wieder mit mir. Sie war tief bekümmert, denn Andreas hatte ihr mitgeteilt, dass er in dunkle Geschäfte geraten sei und nun eine Gefängnisstrafe absitzen müsse. Sie war entsetzt über diese Nachricht und ich riet ihr, sich mit dem Gefängnisseelsorger in Verbindung zu setzen, damit er einen Besuchstermin mit ihr aushandeln sollte. Es war mir leider nicht möglich, sie von meinem Vorschlag zu überzeugen, und so setzte ich mich selbst mit dem Pfarrer in Verbindung, um herauszufinden, was zu der Gefängnisstrafe geführt hatte. Aber das durfte mir der Seelsorger nicht sagen.

Nun sind schon wieder fast zwei Jahre vergangen und die Mutter weiß noch immer nicht, welche Straftat ihr Sohn begangen hat. Ab und zu schreibt sie ihm einen Brief, aber noch wichtiger wäre es, wenn sie ihn im Gefängnis besuchen würde. Doch dazu habe ich sie noch nicht bewegen können. Alles ist ihr zu schrecklich und sie fühlt sich den Problemen ihres Sohnes nicht gewachsen.

In Telefongesprächen, die ich oft mit ihr führte, versuchte ich, sie zu trösten. Einmal erzählte ich ihr von einer Mutter, sie hieß Monika, die auch von Sorgen um ihren Sohn Augustin umgetrieben war. Was diese Mutter mit ihrem Sohn erlebte, offenbart uns, wie stark Gott ist:

Während seiner Schulzeit gab es für Augustin noch keine Schwierigkeiten. Er war intelligent und fleißig. Das Lernen machte ihm Spaß. Aber nachdem er seine schulischen Prüfungen geschafft hatte, wollte er erst einmal das Leben genießen. Er geriet in schwierige Beziehungen hinein, hatte Kontakt zu Prostituierten und schon nach einigen Monaten erwartete eine Dirne ein Kind von ihm. Natürlich stürzte dieses Ereignis die Mutter in noch größere Nöte. Das Kind, das aus dieser Beziehung hervorging, nannte er Adeodatus (Gottes Geschenk). Damit wollte er seine Mutter provozieren. Über ein Jahr ging Augustin dem Müßiggang nach. Nach seinem ausschweifenden Leben begann er aber doch das Studium der Rhetorik und der freien Künste.

Es war immer der größte Wunsch der Mutter gewesen, dass ihr Sohn sich von Jesus in seine Liebe hineinnehmen ließe und ihm auch gehorchte. Aber um den christlichen Glauben kümmerte sich Augustin schon lange nicht mehr, sondern hielt den Kontakt zu nordafrikanischen Menschen, die Heiden waren. In dieser Zeit vergnügte er sich wieder mit einer Konkubine. Nach einem weiteren Jahr hatte er sich aber innerlich etwas gefangen und begann ein neues Studium. Seiner Mutter Monika tat das Herz weh, wenn sie sah, wie weit er sich von Gott entfernt hatte. Trotz seiner Erfahrungen, die er in seinem Studium machte, war er kein zufriedener Mensch.

Einmal warf er einem Bettler, der am Straßenrand seine Hände ausstreckte und um eine milde Gabe bat, ein paar Münzen zu. Dabei spürte er, dass dieser arme Obdachlose glücklicher war als er selbst.

In Mailand lernte seine Mutter den Bischof Ambrosius kennen. Dieser war ein begnadeter Seelsorger. Gerne wandte er sich den Menschen zu, die ihn um Klärung ihrer Nöte baten. Aber auch in seinem Denken und Handeln war er sehr sozial eingestellt. So verbot er verschiedene Praktiken, die oft in der damaligen Zeit gang und gäbe waren, wie das Aussetzen von Kindern, die schlechte Behandlung von Sklaven und die Vernachlässigung der Kranken und Sterbenden. Mutter Monika wandte sich nun in ihrer Angst um ihren Sohn an Ambrosius und bat ihn um ein seelsorgerliches Wort. In ihrem Kummer konnte sie kaum einen Satz über die Lippen bringen. Sie weinte viele Tränen und die Angst bedrückte sie, dass Augustin nicht mehr den Weg zu Gott zurückfinden könnte. Der Bischof schaute die Mutter liebevoll an, die täglich schon viele Gebete für ihren Jungen zum Vater im Himmel gerichtet hatte. Der Bischof sagte nicht viele Worte, sondern nahm sie in seine Arme und tröstete sie: „Liebe Mutter Monika, ein Sohn so vieler Tränen und Gebete kann nicht verloren gehen.“ Dieser Satz machte der Mutter Mut und wirkte neue Hoffnung. Sie faltete weiter für ihn die Hände und es gelang ihr, ihn an einer langen Leine zu führen.

So durfte sie sogar kurz vor ihrem Tod noch erfahren, wie Augustin wieder zu Gott zurückfand. „Dich wollte ich als Christen sehen, bevor ich sterbe." Das war ihr dringlichster Wunsch. Mit diesen Worten schloss sie ihren Sohn in die Arme. Er hatte den Weg zurück zu seinem Vater im Himmel gefunden.

Es war das Jahr 386 nach Christus. Augustin orientierte sich nun an der Literatur des biblischen Wortes und vertiefte sich in die Paulusbriefe. Im Garten saß er in der Sonne und hörte plötzlich die Stimme eines Kindes, das mehrmals ausrief: „Tolle lege! Tolle lege!", was bedeutete: „Nimm und lies!" Diese Worte wühlten ihn schrecklich auf und trieben ihm die Tränen in die Augen. Er ging in sein Zimmer an sein Pult und schlug die Bibel auf. Dort las er: „Lasst uns ehrbar leben wie am Tage, nicht in Fressen und Saufen, nicht in Unzucht und Ausschweifung, nicht in Hader und Neid; sondern zieht an den Herrn Jesus Christus und sorgt für den Leib nicht so, dass ihr den Begierden verfallt." (Römer 13,13-14.). Dieses Wort wurde zum

Ruf Christi in seinem Leben. Gott schenkte ihm Gewissheit in sein kummervolles Herz. Alle Zweifel waren mit einem Schlag ausgeräumt. Er konnte nur noch beten: „Groß bist du, Herr, und hoch zu preisen! Unruhig ist unser Herz, bis es ruht in dir."

Mit der Geschichte von der Hinwendung Augustins zu seinem himmlischen Vater machte ich auch der Mutter von Andreas Mut, fest daran zu glauben, dass der Allmächtige auch ihren Sohn in die Verbindung mit Jesus bringen kann. Mir aber bleibt vorerst das Gebet für Andreas, denn in meinem Herzen habe ich viel Mut für ihren verlorenen Sohn gewonnen, angeregt durch die Geschichte von Augustin.

Gottes Auftrag für uns

Ja, es ist wahr, wir führen ein offenes Haus. Beim Sozialamt unserer Stadt ist dies bekannt und inzwischen haben eine Reihe afrikanischer Flüchtlinge Aufnahme bei uns gefunden. Zwei von ihnen haben noch ihre Frauen aus Mogadischu nachkommen lassen und es wunderte mich gar nicht, dass nach 10 Monaten zwei wunderschöne Babys geboren wurden: ein Junge mit Namen Sadam, und das Mädchen trägt den Namen Aischa, das bedeutet „die Schöne". Ich verstehe mich mit den beiden jungen Männern und ihren Frauen mit ihren beiden Kindern sehr gut. Inzwischen sind sie schon fast zwei Jahre unsere Gäste. Aber gegen zwei Probleme kämpfe ich noch immer an, leider ohne Erfolg. Seit diese jungen Männer zu uns gezogen sind, steht unsere Haustür Tag und Nacht weit offen und in unseren Fluren brennen alle Lampen.

Ich schickte meinen Mann zu ihnen in den zweiten Stock. Er sollte mit ihnen reden, denn es geht nicht an, dass ich nachts zweimal aufstehen muss, um die Haustür zu schließen und die Lichter zu löschen. Als mein Mann von dem Gespräch zurückkam, wusste ich, warum wir immer ein helles und offenes Haus sind, sogar nachts. Die Somalier erzählten meinem Mann, dass sie in ihrem Heimatland auf dem Dorf gar keine Türen an ihren Häusern haben. Da wurde mir klar, dass das Problem bei uns weiter bestehen würde, und so habe ich es aufgegeben, mitten in der Nacht aus dem Bett aufzustehen, um für Ordnung zu sorgen. Ein Glück, dachte ich, dass fast in jedem Zimmer unseres Hauses jemand schläft und keine besonderen Wertsachen oder kostbarer Schmuck in unserem Besitz sind. Dafür haben wir etwas anderes im Überfluss, und das sind Bücher. Doch an denen haben Einbrecher in der Regel kein Interesse. Und so schlafe ich jetzt sehr gut unter dem Schutz des Höchsten und stehe nicht mehr in der Nacht auf.

Aber nun ist doch – ohne mein Zutun – ein Wunder geschehen. Inzwischen ist unsere Haustür nicht nur nachts geschlossen, sondern auch am Tage. Und das ereignete sich folgendermaßen:

Ein neuer Flüchtling aus Somalia klopfte bei uns an und bat dringend um ein Obdach. Er brauche dringend einen Wohnungsnachweis, sonst verliere er wieder seinen Job. Er hatte eine Arbeitsstelle bei einer Firma gefunden, die für die Sicherheit auf dem Gelände des Flüchtlingscamps zuständig ist. Ich möge ihm doch bitte einen Mietvertrag geben, denn er brauche den Job und das Geld, das er dabei verdiene, sehr nötig. In Mogadischu habe er eine Frau und acht Kinder, die er unterstützen müsse. Er hoffe nur, dass das schöne Zimmer nicht zu teuer sei. Und so stellten wir in dem Arbeitszimmer meines Mannes vorübergehend ein Bett auf und er zog bei uns ein.

Das Problem mit seinen acht Kindern ging mir sehr zu Herzen. Mir war klar, dass ich diesem Vater helfen müsste. Ich stellte ihm die Nebenkosten wie Heizung, Strom, Müll und warmes Wasser nicht in Rechnung und verminderte auch die Miete beträchtlich. Als der Flüchtling den Vertrag in Händen hielt, strahlte er über das ganze Gesicht und erklärte mir:

„So, jetzt kann ich weiter im Camp arbeiten, wo ich Nachtschichten übernommen habe. Es hätte mich unsäglich traurig gemacht, wenn ich diese Arbeit hätte aufgeben müssen; denn zu Hause warten meine Frau und acht hungrige Mäuler auf finanzielle Hilfe.“

Mit diesem Menschen ist ein sehr ruhiger Mieter bei uns eingezogen. Am Tag schläft er meist mehrere Stunden und in der Nacht sehen wir ihn gar nicht. Bei uns aber ist ein Wunder geschehen. Seitdem der Somalier bei uns wohnt, sind alle Türen im Haus fest verschlossen. Was wir durch unsere Beschwerden nicht erreicht haben, hat unser neuer Mieter wie durch ein Wunder geschafft. Nun gelten bei uns im Haus dieselben Sicherheitsvorkehrungen wie in dem Camp, das er bewacht. Dank Herrn Libans freundlichem, aber entschlossenem Auftreten seinen Landsleuten gegenüber herrscht nun eine wunderbare Tag-und-Nacht-Ruhe bei uns. Ich kann Gott nur danken für dieses Wunder. Er schickt uns, ohne dass wir sie angefordert hätten, treue Wächter ins Haus.

Gott will Menschen retten

Nun lag ich schon fast vier Wochen in der Klinik und fühlte mich recht einsam. Zwar besuchte mich mein Mann jeden Tag, aber ich hätte mich gefreut, wenn auch andere Gemeindeglieder bei mir hereingeschaut hätten, denn die Zeit wurde mir lang. Wie sehr hat es mich dann doch überrascht, als eine Krankenschwester mir einen Brief überreichte. Herr Kleinert (der Name ist geändert) hatte an mich gedacht. Mit diesem Mann fühle ich mich, seitdem wir uns kennengelernt haben, stark verbunden.

Eines Tages direkt nach dem Gottesdienst kam er auf mich zu: „Frau Bormuth, ich kenne Sie sehr gut. Zu Ihren Weihnachtsfesten für Bedürftige war ich schon mehrmals Ihr Gast.“ Leider konnte ich mich an diesen Herrn nicht erinnern, denn es kommen zu dieser Feier viele Besucher. „Frau Bormuth, ich habe eine dringende Bitte an Sie. Aus meiner Wohnung musste ich wegen Eigenbedarf des Vermieters ausziehen. Nun lebe ich ohne Dach über dem Kopf und schlafe nachts unter der Brücke. Hätten Sie denn eine Bleibe für mich?“

Ich hätte ein Zimmer für meinen Obdachlosen gehabt, denn Frau Fröhlich war gerade zu ihrer Tochter gezogen. Aber mich quälten doch einige Bedenken. Herr Kleinert trug einen langen Bart und sah auch recht ungepflegt aus. Aber wo hätte sich dieser Mann auch waschen und duschen können? Dazu kam, dass ich mich etwas vor ihm fürchtete.

So sprach ich mit meinem Sohn über meine Bedenken: „Johannes, würdest du diesen Menschen aufnehmen?“ – Mein Sohn ermutigte mich. „Mutti, nimm ihn. Du siehst, jetzt wird es draußen allmählich kalt. Herr Kleinert würde sich sicher über eine warme Stube freuen.“ – „Ja, das glaube ich auch, aber mir fehlt noch ein Bett in diesem Zimmer. “ – „Mutti, das ist kein Problem. Bei uns auf dem Dachboden steht noch ein gutes Bett. Ich kann es dir heute noch vorbeibringen.“ So geschah es auch.

Für den Nachmittag hatte ich Herrn Kleinert zu einer Tasse Kaffee eingeladen. Mit Sack und Pack stand er vor unserer Tür. Wie sehr freute er sich über meine positive Zusage, dass er unser Mieter sein dürfte. Als ich ihm das neue Bad zeigte, war er beglückt. „Darf ich heute noch duschen?" – „Aber gewiss", gab ich ihm zur Antwort.

Es wurde ein gemütlicher Nachmittag. Herr Kleinert erzählte uns auch von seinen Schwierigkeiten, die ihn ins Elend gestürzt hatten. Er war früher Chef einer größeren Firma gewesen. Aber dann nahm sein Alkoholmissbrauch überhand und er verlor seinen Posten. In dieser Zeit nahm sein Suchtverhalten zu. Das führte zur Trennung von seiner Frau und die beiden Söhne zogen auch zur Mutter. Nachdem er kaum Geld verdiente, trennten sich auch seine ehemaligen Saufkumpane von ihm. So wurde er immer einsamer, seine Situation immer hoffnungsloser. Er war ohne Familie, ohne Freunde und ohne Wohnung.

Bei uns fühlte er sich nun wohl, und doch machte mir sein Alkoholmissbrauch große Sorgen. Einmal entdeckten wir ihn auf der Straße, total betrunken. Er torkelte hin und her und wir fürchteten, er könne von einem Auto überfahren werden. Mein Mann und ich blieben vor ihm stehen und hakten ihn rechts und links unter. So brachten wir ihn nach Hause. Ich wusch ihm das Blut vom

Gesicht, denn mehrmals war er schon hingefallen und hatte sich Verletzungen zugezogen. Dann legte ich ihn in sein Bett. Über seine Trunksucht verloren wir kein einziges Wort, denn dadurch hätte er sich gedemütigt gefühlt.

Aber an einem Vormittag kam er zu mir und klagte mir sein Leid. Er habe alles, was er früher an Hab und Gut besessen hatte, verloren. Ich riet ihm zu einer Entziehungskur in einer Klinik und er war auch einverstanden. Ich sagte ihm auch, dass dies zwar ein guter Entschluss sei, aber er müsse doch mit manchen Schwierigkeiten rechnen. Er dürfe dann keinen einzigen Schluck Alkohol mehr trinken, sein ganzes Leben lang. Dazu erklärte er sich bereit.

Nach seiner Therapie, die er erfolgreich durchgezogen hatte, rieten wir ihm, Anschluss ans Blaue Kreuz zu suchen. Dort würde er noch weitere Hilfe finden. Treu besuchte er die Gesprächsgruppen. Mein Mann und ich luden ihn auch zu christlichen Freizeiten ein. Ich mietete ihm ein preiswertes Zimmer und er war auch bereit, uns zu begleiten. Ich war überrascht, wie treu er die Bibelarbeiten meines Mannes besuchte. Wenn ich abends einen Vortrag hielt, war er auch unter den Zuhörern. Ihm gefiel es auch, dass die anderen Teilnehmer so nett und freundlich zu ihm waren. Sie luden ihn öfter am Nachmittag zu einem Spaziergang oder zu einer Stadtbesichtigung mit anschließendem Kaffeebesuch ein. Die Verkündigung des Wortes Gottes in diesen acht Tagen erreichte sein Herz. Sogar zu den Gebetsstunden am Morgen erschien er. Als wir wenig später eine weitere Freizeit zu halten hatten, luden wir ihn auch dazu ein. Gern nahm er das Angebot an. Die Botschaft, die er auf diesen beiden Freizeiten hörte, war die Antwort auf sein inneres Verlangen nach göttlichem Frieden.

Gegen Ende der Freizeit erlebte ich noch eine besondere Überraschung. Als ich den Pensionspreis für sein Zimmer bezahlen wollte, hatten dies schon andere Teilnehmer für uns übernommen.

In unserer Gemeinde suchte Herr Kleinert noch ein längeres Gespräch mit einem Seelsorger. Danach wurde er Christ und übergab sein Leben an Jesus. Seitdem sitzt er nun jeden Sonntag neben uns im Gottesdienst. Er hat auch in der Gemeinde gute Freunde gefunden.

Einmal sprach er mich nach der Predigt noch einmal an. „Frau Bormuth, was ist das doch für mich ein neues wunderbares Leben. Mit meiner Trunksucht war ich auf die falsche Bahn geraten und habe alles verspielt. Aber nun darf ich viel Freude, Vergebung meiner Schuld und eine völlig neue Richtung in meinem Dasein erfahren. Ich kann Gott nur dafür danken. Aber auch Ihnen bin ich dankbar, denn Sie haben mir in allen meinen Entscheidungen tüchtig beigestanden."

Dass es ausgerechnet Herr Kleinert war, der mir während meiner langen Zeit im Krankenhaus einen schriftlichen Gruß zukommen ließ, freute mich über die Maßen. Ich war Gott dankbar, dass er mir diesen Mann über den Weg geschickt hat und ich ihm ein Wegweiser zu Christus werden durfte.

Nun habe ich noch den Wunsch an Gott, er möge das Werk der Errettung auch bei meinen anderen ehemaligen Obdachlosen, Alkoholikern und Drogensüchtigen vollbringen. Das ist mein Gebet.

Mit diesem Bericht hoffe ich, noch mehr Beter für meine Mieter in Not zu finden.

Fröhliches Beten

Es macht mich manchmal traurig, dass es nur so wenige Menschen gibt, die regelmäßig beten. Aber es gibt auch Ausnahmen. Heute hörte ich zum Beispiel, wie einige Mitglieder von Amnesty International, die in der Türkei in Untersuchungshaft saßen, vom Gericht freigesprochen wurden und noch in derselben Nacht das Gefängnis verlassen konnten. Einer von ihnen war Peter Steudtner. Er gehörte der Gethsemane Kirche in Berlin an. Als die Gemeindeglieder von seiner Verhaftung in der Türkei im Juli erfuhren, beschlossen sie, sich jeden Abend zum Gebet zu versammeln und Gott um seine Befreiung aus der Haft zu bitten. Gott ließ nun dieses Wunder geschehen.

Mit bewegten Worten dankte er nach seiner Freilassung für die Hilfe seiner Berliner Gemeinde. Dabei war seine Stimme tränenerstickt. Er nannte auch andere Institutionen, die sich für seine Freilassung starkgemacht hatten. Insgesamt hatte man elf Mitglieder von Amnesty International entlassen.

Im Falle einer Verurteilung hätten ihnen bis zu 15 Jahre Gefängnis gedroht.

Auch ich habe jeden Abend für diesen tapferen Mann gebetet und mich sehr über seine Freilassung gefreut. Schon lange ist es mir ein Anliegen, abends, wenn ich in der Tagesschau von all den politischen und weltanschaulichen Problemen höre, dafür zu beten. Vor allem denke ich dabei an die vielen Christen, die um Jesu willen Hunger leiden, Folter erfahren und oft auch zu Tode gequält werden. Ich bete zu meinem himmlischen Vater, er möge das Unrecht, die Kriege, das Elend und die Tötung der vielen Menschen nicht weiter zulassen, sondern in unserer Welt Frieden stiften. Es ist das Geringste, das der Herr von uns erwarten kann. Für die aber, die gerne ihre Anliegen vor den Höchsten bringen, ist das Gebet etwas Einzigartiges, Schönes, ja Köstliches, denn dadurch erfahren wir herrliche Segnungen und sogar Wunder. So begegnet uns Gott in seiner Güte und Freundlichkeit. Das Gebet ist die größte Kraft, um in dieser Welt göttlichen Reichtum zu erfahren.

Aber alles, was unserem Gebetsleben hinderlich im Weg steht, sollten wir vor Gott bringen und ihn bitten, dass er uns davon befreit. In meinem Wohnzimmer habe ich mir auf dem Sofa eine kleine Stätte für das tägliche Gebet eingerichtet.

Mein Mann, meine fünf Kinder mit ihren Ehepartnern, meine 17 Enkel und drei Urenkel sollen täglich einen festen Platz in meinem Herzen finden. Dadurch können sie die Bewahrung und Nähe Gottes erleben. Meine große Familie soll unter einem göttlichen Dach wohl geborgen sein. Wo dies fehlt, kann der hässliche Regen eindringen und Schaden anrichten.

Das Gebet für die Familie gehört zu meinem Leben. So erwarte ich jeden Tag, dass der Herr helfend seine barmherzigen Flügel über uns alle ausstreckt. Auf diese Weise kann der Frieden und die Liebe weiten Raum bei uns einnehmen und wir können Gottes Eingreifen in Gefahren täglich erleben.

Aus der Zeit der Puritaner wird gesagt, dass man zu bestimmten Stunden am Morgen und am Abend Psalmen aus ihren Häusern erklingen hörte, wenn man die Hauptstraße in London entlangging.

Damals soll es in der Hauptstadt kein Christenhaus ohne Gebet gegeben haben.

Wie wohltuend würde das auch für unser Volk sein.

Zu unserem Beten gehört eine gewisse Ordnung und Beständigkeit. Wie oft bin ich hier schuldig geworden, weil ich mir falsche Prioritäten setzte. Eine Zeit lang sah ich mir gern eine bestimmte TV-Sendung an. Es ging dabei um Gerichtsurteile, eine Materie, die mich schon immer interessierte. Aber diese Sendung wurde morgens um fünf Uhr ausgestrahlt. Und das war das Problem. Denn natürlich war ich dann morgens recht müde. Der Schlaf fehlte mir und ich hatte nicht die Kraft für ein vollmächtiges Gebet. Es war gut, dass Gott mich durch seinen Heiligen Geist korrigiert hat. Wer mit Gott reden will, muss sich ihm andächtig nahen. Ein müder Kopf kann sich nicht recht auf Gottes Nähe konzentrieren. Diese Erkenntnis war mir von Nutzen. Nun will ich die Nacht gut durchschlafen, morgens fröhlich erwachen und dann gerne mit frischer Kraft beten. Durch meine falsche Einteilung der Zeit habe ich Wesentliches entbehrt. Ich muss mir nicht alles ansehen, was das Fernsehen mir bietet, sonst verliere ich die Freude und Kraft zum Beten.

Oft bürde ich mir auch zu viel Arbeit für den Tag auf. Dadurch wird mir die Lust zum Gespräch mit Gott geraubt. Auch dem Telefonieren muss ich Grenzen setzen. Zum Gebet gehört nämlich die Stille und das Hören auf Gottes Antworten. Ich muss auch lernen, mich in meinem Tun zu bescheiden. In der Bibel wird uns die Geschichte vom reichen Mann erzählt. Er fand keine Zeit mehr, Gottes Nähe zu suchen. Jeden Tag und auch in den Nachtstunden arbeitete er Pläne aus, wie er neue Scheunen bauen könnte, um darin für seine große Ernte Platz zu finden. Darüber vergaß er aber völlig, sich auf sein Sterben vorzubereiten. Gott sagte zu ihm: „Du Narr, heute wird man deine Seele von dir fordern, und wem wird dann gehören, was du angehäuft hast? So geht es dem, der sich Schätze sammelt, und ist nicht reich in Gott!" Ich muss mich hüten, nach immer mehr Gütern zu trachten und dabei die Arbeit, die wichtig ist, nämlich das Reden mit Gott, zu vernachlässigen.

Auch die Sorgen um die Zukunft meiner Kinder können mir in der Stille zu meinem Herrn schädlich sein. Mir würde vieles in meiner Familie besser gelingen, wenn ich alle Anliegen vor meinen Schöpfer bringen würde, als zu versuchen, alle Probleme selbst zu lösen.

Vor drei Wochen bekam ich Besuch. Frau Wilke, so will ich sie hier nennen, war in Schwarz gekleidet und in großer Trauer. Ihr Mann war nach schwerer Krankheit gestorben. „Das Leid ist furchtbar, Frau Bormuth“, stöhnte sie. „Ich habe in den vier Wochen, in denen ich täglich meinen Mann in der Klink besucht habe, keine Zeit mehr gefunden, um meine Bibel zu lesen und zu beten. Vor acht Tagen ist er beerdigt worden, und bis jetzt ist meine Bibel immer noch verschlossen geblieben. Ich kann vor lauter Bemühungen um die Beerdigung keine Zeit mehr zum Beten finden. Auf viele Beileidsbekundungen musste ich auch brieflich antworten.“

Die Sorgen und die Planungen für ihre Zukunft hatten diese engagierte Christin fest im Griff. Sie war die zweite Frau ihres Gatten. Nun wird sich nach 17 Jahren Ehe alles für sie ändern. Das Haus, in dem sie mit ihrem Gatten gelebt hat, gehört nun den Kindern aus erster Ehe. Ihr Willi war noch nicht tot, als ihr die beiden Söhne schon einen Brief schrieben, sie solle sich jetzt beizeiten eine neue Wohnung suchen. Die Sachen, die sie in die Ehe mitgebracht habe, könne sie mitnehmen. Aber alles andere wie die Waschmaschine, den Kühlschrank und das Geschirr, das aus der ersten Ehe stammte, sollte sie zurücklassen. Nach dem Tod des Vaters gaben sie ihr drei Monate Zeit bis sie auszog.

Warum hat sie diesen taktlosen Brief der Söhne nicht Gott hingelegt? Stattdessen machte sie sich nun Gedanken, wo sie bleiben könnte. Ihre Sorgen um die Zukunft hatten sie ganz im Griff, sodass sie nicht mehr Gottes Wort gelesen und auch keine Ruhe mehr zum Beten fand.

In der Bibel finden wir die Aufforderung: „Alle eure Sorgen werfet auf Christus, denn er sorgt für euch." Je mehr Lasten uns auferlegt sind, desto öfter sollten wir unsere Hände falten. Das Gebet sollte der Motor unseres Lebens sein, auch im Dienst für Gott.

Wenn wir zu einer Gemeinde gehören, ist es gut, die wöchentlichen Gebetsstunden zu besuchen und die Gemeinschaft der anderen Christen zu erleben. Aber diese Veranstaltungen ersetzen natürlich nicht meine stillen Gebete im Kämmerlein. Beides muss in einem guten Einklang stehen.

Wenn ich in inneren Nöten bin, dann gehe ich gerne zu einem Seelsorger, auch wenn ich weiß, dass er ein großes Arbeitspensum zu bewältigen hat. Ich bin gewiss, dass er mich nicht abweisen wird. Ich habe nämlich die Beobachtung gemacht, dass Menschen, die sich tapfer in den Dienst für Gott stellen, nicht viele Worte darüber verlieren, wie viel sie arbeiten. Andere dagegen sprechen viel von Überlastung, vergeuden ihre Zeit aber oft mit oberflächlichem Tun. Wer sich nicht gerne in den Dienst Gottes stellen lässt, steht in Gefahr, dem Feind zum Opfer zu fallen. Wer aber in stiller Andacht vor Gott verweilt, wird Großes vor dem Herrn vollbringen können. In unseren Gemeinden gibt es so viele Menschen, die getröstet werden müssen. Kinder brauchen Mitarbeitende, die sie in die Bibel einführen. Hungrige und Arme, die auf meine Gaben warten, will ich auch nicht vergessen.

Einer unserer Enkel arbeitet als Erzieher in einem Kinderheim. Traurig erzählte er mir, dass es der Etat der zuständigen Stadt nicht zulasse, den Kindern einen Ferienaufenthalt zu ermöglichen. Dabei würde er diese Kleinen, die schon viele Entbehrungen durch ihr schwieriges Elternhaus ertragen mussten, auch gerne mal mit einer kleinen Ferienreise überraschen, und für sie eine Bibelfreizeit arrangieren. Dieses Anliegen meines Enkels nahm ich auf mein betendes Herz, und Gott gab mir gute Gedanken. Bei einem Telefonat erzählte ich ihm, er möge doch etwas Schönes und Interessantes für die ihm anvertraute Schar planen. Ich würde ihm heute noch einen Scheck zukommen lassen. Nach diesem Gespräch empfand ich eine wohlige Stimmung. Ich hätte meinem Gott ein Lied nach dem andern singen können. Im Diakonissenmutterhaus in Elbingerode fanden diese Kinder eine freundliche Aufnahme. Sie konnten auch kleine Ausflüge auf den Brocken und nach Wernigerode unternehmen. Für mich folgte dann im August ein Freudentag, als mir der Postbote einen Brief, der von allen Freizeitkindern unterschrieben war, brachte. Ich konnte nur beten: „Vater im Himmel, ich danke dir für die gute Idee, die du mir gegeben hast." Dabei kam mir gleich in den Sinn: Auch im nächsten Jahr soll es wieder eine Bibelfreizeit für diese Kinder geben, und in einem Telefonat mit meinem Enkelsohn legte ich mich gleich fest. Nun bleibt ihm genügend Zeit, etwas Schönes für diese Heimkinder in den Ferien auszusuchen. Wieder brach in meinem Herzen ein Jubel aus.

Wenn wir beten und zugleich auch handeln, macht das unser Leben unendlich reich. Ich bin wirklich ein Glückskind.

Hilfreiche Gespräche am Telefon

Der Verlag bot mir an, am Ende eines Buches den Lesern immer meine Adresse mitzuteilen. Ich willigte ein und bin überrascht, dass mich fast täglich Anrufe erreichen, bei denen meist Frauen für ihre Probleme gerne eine gute Antwort wüssten. Ob mir das immer gelingt, das weiß ich nicht. Oft sind es schwerwiegende Nöte, die mit großer Vorsicht und Beharrlichkeit angegangen werden müssen. Wenn ich aber helfen kann und mein Gespräch mit einem Dank von meiner Anruferin endet, macht es mich froh. Gern versuche ich, auch am Ende eines langen Telefonats mit all den Schwierigkeiten und Kümmernissen in einem Gebet Zuflucht zu Gott zu nehmen. Ich bin gewiss, dass unser himmlischer Vater guten Rat für unsere Sorgen gibt und uns nicht im Dunkeln stehen lässt.

Gestern rief mich eine alte Dame an. Sie ist schon fast 90 Jahre alt. Ich will sie hier Frau Ullrich nennen. Sie ist schon Urgroßmutter, wie ich es bin, und ist sehr besorgt um ihren heranwachsenden Urenkel. Der Vater des Kindes hat aus verschiedenen Gründen die Mutter des Jungen nicht geheiratet. Als Jan geboren worden war, wurde dem Vater durch Gerichtsentscheid das Sorgerecht zugesprochen, da die junge Mutter nicht in der Lage war, gut für den Kleinen zu sorgen. So wuchs der Säugling in der Familie des noch jungen Vaters auf, der beruflich stark gefordert war, und wurde bestens von seiner Großmutter gepflegt. Aber inzwischen ist Jan mit 14 Jahren in die Pubertät gekommen und die Erziehung ist recht schwierig geworden.

Inzwischen sucht auch seine leibliche Mutter den Kontakt zu ihrem Sohn. Diese Treffen finden aber heimlich statt und seine Oma und der Vater erfahren meist viel später davon. So wurde ohne das Wissen des Vaters ausgemacht, dass der Junge einen Teil seiner Ferien mit der Mutter verbringt. Der Junge verstrickte sich dann in Lügen, indem er erzählte, er wolle für ein paar Tage mit den Eltern seines Freundes an die Ostsee fahren. Dagegen hatte der Vater nichts einzuwenden.

Aber das war gelogen. Die Sache kam raus

und es gab viel Streit und Ärger in der Familie. Besonders für die Oma war das problematisch, denn sie hatte ja den größten Teil der Erziehung ihres Enkels übernommen. Die Erziehung des Kindes wurde immer schwieriger. Die Großmutter verlor fast den Mut, in Zukunft für ihren Enkel zu sorgen.

All diese Nöte erfuhr natürlich auch die Uroma. Das war der Anlass, warum sie bei mir anrief. Sie brauchte dringend Trost und einen guten Rat. Durch ihre täglichen Gebete ist ihr der Junge sehr ans Herz gewachsen und sie hat inzwischen einen sehr guten Draht zu Jan. Aber sie sieht nicht, wie sie helfend in die entstandenen Konflikte eingreifen könnte.

Ich versuchte diese alte Dame zu beruhigen: „Frau Ullrich, Sie handeln genau richtig. Im Gebet liegt die größte Hilfe für Jan. Halten Sie daran fest und machen Sie Ihrer Tochter Mut, diese schwierige Erziehungsaufgabe durchzuziehen. Trösten Sie sie mit dem Bibelwort, das Jesus gesagt hat: *Wer ein solches Kind in meinem Namen aufnimmt, der nimmt mich auf.* Ihre Tochter ist ja, wie Sie mir erzählten, auch eine Christin und sie hat mit der Erziehung Ihres Enkels keine leichte

Aufgabe übernommen. Das aber soll sie wissen: Mit Jan hat sie in vermehrtem Maße Jesus in ihrem Leben Raum gegeben. Er wird seine Zusage wahrmachen und ihr Kraft und Weisheit in all den schwierigen Erziehungsaufgaben geben. Und Sie als Urgroßmutter tragen mit Ihren treuen Gebeten am Abend und am Morgen bestens für ein gutes Gelingen bei.

Ich halte die Erziehung von Kindern für die schwerste Aufgabe, aber im Vertrauen auf Gott dürfen wir Hoffnung für die uns anvertrauten Lieblinge Gottes haben. Er wird Gelingen schenken. Übrigens freut es mich sehr, dass Ihre Tochter Ihrem Enkel, der ja keine treu sorgende leibliche Mutter hat, eine tiefe Geborgenheit in ihrer Familie gegeben hat.

Nun will ich Sie noch herzlich grüßen mit einem Lied, dessen Dichterin ich noch persönlich kennengelernt habe. Es wird auch für Sie von Gewinn sein. Diese Schwester ging durch notvolle Zeiten, da sie als junge Diakonisse in schreckliche Krankheitsnöte geriet. Sie hat mir viel aus ihrem Leben erzählt und mir am Ende unseres gesegneten Beisammenseins diese Strophen geschenkt:

Herr, weil mich festhält deine starke Hand,
vertrau ich still.
Weil du voll Liebe dich zu mir gewandt,
vertrau ich still.
Du machst mich stark,
du gibst mir frohen Mut,
ich preise dich; dein Wille, Herr, ist gut.

Später fand ich dieses Lied in ihrem Gedichtband wieder, der sogar den Titel dieses Liedes trägt. Gern wollte ich Ihnen diese Trostworte mitteilen. Denn als ich Schwester Helga Winkel besuchte, hat sie mir dieses wunderbare Lied geschenkt, um es anderen Menschen mitzuteilen."

Eine erneuernde Begegnung

Soeben komme ich vom Abendgottesdienst nach Hause und bin noch sehr von der Predigt bewegt. Der Direktor unserer Missionsgesellschaft predigte über das Thema „Helfende Begegnungen". Er begann mit einer netten Erfahrung, die er selbst gemacht hatte.

So erzählte er: „Ich kam müde und abgekämpft von einer vierwöchigen Dienstreise aus Asien zurück. Nur noch an Ausschlafen und Erholen dachte ich. Aber da hatte ich die Rechnung ohne den Wirt gemacht, denn mein Sohn kam auf mich zu und fragte: ‚Papa, gehst du heute Abend mit mir zum Christustreff?' Welcher Vater würde seinem Sohn einen solchen Wunsch abschlagen?

Ich sagte zu und so gingen wir am Donnerstagabend in die Lutherische Pfarrkirche. Sie war wieder voll besetzt mit jungen Menschen. Das hat mein Herz erfreut. Neben mir saß ein junger Bursche von etwa sechzehn Jahren. Er muss mich wohl beobachtet haben, denn plötzlich sah er mich freundlich an und fragte: ‚Geht es dir nicht gut? Brauchst du Hilfe? Du kannst am Schluss nach vorne auf die Bühne gehen. Dort triffst du auf einen Seelsorger. Er wird dir sicher helfen können.‘ Ich war etwas über seine Frage verwundert, ließ mich aber darauf ein und ging nach vorne, um über meine Müdigkeit und innere Leere zu sprechen. Ein noch sehr junger Christ – er war mindestens dreißig Jahre jünger als ich – fragte mich: ‚Hast du Probleme? Geht es dir nicht gut? Was kann ich für dich tun? Soll ich für dich beten?‘ Ich sah ihn an und fragte ihn, ob er denn nicht zuerst meinen Namen wissen wolle. ‚Aber ich kenne dich doch. Du bist doch der Chef der Mission. Wir können über alles sprechen, was dich bewegt.‘ Ich nickte. Da kramte der junge Mann in seiner Hosentasche und zog ein Fläschchen Öl heraus. ‚Ich möchte dich gerne salben und dich danach segnen.‘ Mir war bei der Begegnung mit diesem recht jungen Mann etwas seltsam zumute. Aber ich war damit einverstanden. So erlebte ich für mich eine sehr ungewohnte Seelsorge.

Am meisten aber hat mich beeindruckt,

dass ich durch diesen jungen Christen tatsächlich Gottes Nähe und Hilfe erfahren habe; denn meine Müdigkeit und mein Ausgebranntsein waren mit einem Schlag wie weggeblasen. Ich fühlte mich frisch und wieder neu ausgerüstet für meinen Dienst im Reich Gottes. Das war für mich eine etwas erstaunliche und doch so ermutigende Begegnung."

Es hat mich selbst tief bewegt, als unser Missionsdirektor dieses Erlebnis im Gottesdienst während seiner Predigt an die Gemeinde weitergab. Der Heilige Geist ist eine Kraftquelle für alle, die müde und ausgebrannt sind. Habe ich das nicht auch schon selbst oft erlebt, dass Gott mich durch ein freundliches Wort eines anderen Christen wieder aufgerichtet und mir den Blick für das Wesentliche geöffnet hat?

Mein glücklichster Tag

Als ich fünfzehn war, lud mich unser freundlicher Hauswirt zu einer Jugendfreizeit ein. Sicher hat er geahnt, wie schwer es mir war, dass ich als Flüchtlingskind arm wie eine Kirchenmaus war. Ein Rock und zwei Blusen waren meine einzige Bekleidung. Aber für meine Eltern war es unmöglich, mich besser auszustatten. Opa Becker war ein wunderbarer Hauswirt, den ich kennengelernt habe. Er wollte mir Freude bereiten und sorgte dafür, dass ich eine Woche lang mit anderen jungen Menschen viel Schönes erleben durfte. Diese Christen haben mir geholfen, dass ich mich für die Botschaft der Bibel interessierte und dann bereit wurde, Jesus Christus in mein Leben aufzunehmen.

Aber als ich dann wieder zu Hause in meinem gewohnten Umfeld war, war die Situation dann doch anders als auf der Freizeit. Ich hatte Gott versprochen, täglich zu beten und auch sein Wort zu lesen. Verstanden habe ich nicht immer, was ich im Neuen Testament las. Das Tischgebet zu sprechen, kostete mich Überwindung, denn wir waren es in unserer Familie nicht gewohnt, unsere Hände vor dem Essen zu falten. Was mir geholfen hat, bei Christus zu bleiben, waren die netten jungen Menschen, die mir im Jugendkreis des EC zu Freundinnen wurden.

Vier Monate später, es war Anfang Mai, luden sie mich zu einer christlichen Konferenz ein. Mit dem Fahrrad fuhren wir die zwölf Kilometer nach Bad Hersfeld.

Ganz hinten fanden wir auf den letzten Bänken noch einen Sitzplatz in der Kirche. Es folgte ein bewegender Gottesdienst. Vor allem gefielen mir zwei Lieder, die wir gesungen haben: „Welch Glück ist's, erlöst zu sein" und „Welch ein Freund ist unser Jesus." Auch die Predigt hat mein Herz erfreut. Nach dem Gottesdienst wurde noch zum Abendmahl eingeladen. Ich aber war schon aufgestanden und wollte zum Ausgang eilen. Da sprach mich meine Freundin Renate an: „Lotte, bleib hier; wir können doch gemeinsam an der Feier mit Brot und Wein teilnehmen." – „Renate, ich kann nicht, denn ich habe kein schwarzes Kleid an", war meine Entschuldigung. Sie aber erwiderte: „Hier in der Stadtkirche ist es nicht so wichtig, wie man sich zum Abendmahl kleidet.“ So setzte ich mich wieder an meinen Platz. Dieses heilige Abendmahl hat in mir die größte Freude meines Lebens geweckt. Ich verließ die Kirche und hätte beim Hinausgehen am liebsten laut gesungen. Ich spürte, dass die Worte des letzten Liedes auch für mich galten: Gottes Kreuz bedeckt meine Schuld und sein Blut macht mich hell und rein. Ich empfand ein tiefes Glück, wie ich es nie zuvor und auch später nicht in diesem Ausmaß empfunden habe.

Diese Feier war einzigartig. Obwohl die anderen Jugendlichen in der Mittagspause im Wald spazieren gingen oder Völkerball spielten, wollte ich ganz allein meine Freude erleben. Mein Gesicht muss vor lauter innerer Bewegung gestrahlt haben, denn ein älterer Herr, den ich nicht kannte, trat auf mich zu und legte mir seinen Arm über die Schulter. Dann sagte er: „Fest und treu wie Daniel war, stehst du auch allein, wag es doch vor aller Welt, Gottes Kind zu sein.“ Er muss wohl meine innere Erregung an meinen leuchtenden Augen erkannt haben. Das war der glücklichste Tag in meinem Leben. Ich wurde später oft noch an den ersten

Maisonntag 1950 erinnert und hätte gern diese Flut von Glück wieder neu erlebt, aber es war mir später in dieser Weise nie mehr vergönnt. Heute erlebe ich die innere Zufriedenheit und Freude in anderer Art. Nicht mehr so intensiv.

Ein Jahr später geriet ich in eine Krise. Ich besuchte die Jakob-Grimm-Schule in Rotenburg und war Fahrschülerin. Eines Tages fragte mich mein Klassenlehrer, ob ich nicht bereit wäre, zu seiner Familie zu ziehen. Ich brauchte dann nicht mehr den weiten Weg zu Fuß zu gehen und dann noch mit dem Zug zu fahren. Ich könnte bei ihnen kostenlos wohnen und essen, wenn ich bereit wäre, nachmittags auf die beiden kleinen Kinder aufzupassen, damit seine Frau ein wenig entlastet würde. Abends könnte ich dann noch meine Schularbeiten erledigen.

Meine Eltern erlaubten mir diese Aufgabe und waren sicher auch froh, dass ein Esser weniger am Tisch war, denn wir waren damals wirklich sehr arm. Von einem Tag auf den andern ging es mir in jeder Weise sehr gut. Es standen immer reichlich Lebensmittel auf dem Tisch und oft fand ich noch am Abend eine Tafel Schokolade auf meinem

Bett. Geschlafen habe ich im Kinderzimmer bei meinen beiden Lieblingen. Mit den kleinen Mädchen war ich am Nachmittag viel an der frischen Luft und so schliefen sie in der Nacht ganz fest. Mein Lehrer, bei dem ich Deutschunterricht hatte, hat meinen Dienst sehr geschätzt. Die Mutter der beiden Kleinen war durch die schwere Geburt ihrer Kinder sehr geschwächt und freute sich, dass ich mich um ihre Schätzchen kümmerte.

Aber ich bekam auch Probleme. Oft vergaß ich über der Arbeit die tägliche Bibellese und mein Glaubensleben geriet ins Wanken. Heute weiß ich, dass die tägliche Beschäftigung mit der Heiligen Schrift für einen Christen unerlässlich ist. Ich entschuldigte meine Schlamperei damit, dass ich durch die Pflege der Kinder ziemlich stark belastet war.

Etwa ein Jahr blieb ich in dieser Familie, bis es der Mutter wieder besser ging. Dankbar verabschiedete sie sich von mir und schenkte mir noch ein schönes Körbchen.

Wie froh war ich jetzt, dass ich montags meinen Bibelkreis und am Sonntag den Gottesdienst wieder besuchen konnte. Auch im Lesen der Bibel war ich wieder treu.

Mir war damals während meiner Schulzeit

der Glaube an Jesus so wichtig, dass ich mich ganz bewusst von weltlichen Vergnügungen fernhielt. Meine Klassenkameraden hielten mir deswegen oft vor: „Lotte, du wirst nie einen Partner finden." Aber wie erstaunt waren sie, als ich nur wenige Monate nach meinem Abitur von einem Theologen gefragt wurde, ob ich seine Frau werden wollte. Für mich waren diese Semester an der Universität voller Freude. Mein Verlobter half mir in meinem Studium.

Im Jahr 2017 haben wir schon unsere diamantene Hochzeit feiern dürfen. Zusammen blicken wir auf 60 Jahre Ehe zurück. Wir sind zu einer kinderreichen Familie mit Kindern, Schwiegerkindern, Enkeln und Urenkeln zusammengewachsen. Wie sehr hat es mich gefreut, dass einige aus meiner großen Enkelschar den Verkündigungsdienst bei Kindern ihrer Gemeinde übernommen haben. Die Ernte ist groß, und es gibt nur wenige Arbeiter. Darum wollen wir beten, dass der Herrgott viele Diener zum Bau seines Reiches findet.

Rückblickend staune ich bis heute, wie reich Gott mein Leben gemacht hat und welch wunderbare Konsequenzen sich für mich aus der Einladung unseres Hauswirts zu der Jugendfreizeit ergeben haben.

Freude und Leid im Dienst für Gott

Unser Vierzehnjähriger hatte den Auftrag übernommen, in einem bestimmten Revier Zeitungen auszutragen. Als Weihnachten nahte, fragte er mich, was er denn den Lesern in seinen Straßen schenken könnte. „Weißt du, Mama, meine Leser sollen doch auch wissen, warum Jesus in Bethlehem geboren wurde." Ich hatte in dieser Zeit gerade ein neues kleineres Buch geschrieben, das ich ihm zur Verfügung stellte. In jedes Haus kam nun zum Christfest die Botschaft von Gott. Wie sehr freuten sich seine Leser, dass ihr junger Zeitungsausträger ihnen noch ein Geschenk brachte. Im Gegenzug wurde auch er von ihnen mit Schokolade, Äpfeln und Apfelsinen bedacht, worüber er sich natürlich sehr freute.

Wer sich im Dienst für Gott einbringt, wird aber auch manche Enttäuschungen erfahren. Das gehört auch zu unserem Leben. Wir nehmen z. B. in unserem Hause einige Obdachlose auf. Es sind sehr wertvolle Menschen. Aber irgendwann sind sie aus der Spur gekommen. Dabei spielten die Familienverhältnisse eine große Rolle. Oft konnten sie die Demütigungen nicht ertragen, wenn sie als Kinder mit heftigen Schlägen und Schimpfereien bestraft wurden. Auch der Streit zwischen Vater und Mutter setzte ihnen stark zu. Nun leben sie auf der Straße, sind ohne Beruf und manche sind drogensüchtig oder dem Alkohol verfallen. Wie dankbar sind diese Männer, wenn ihnen Hilfe zuteilwird. Oft werde ich von Mitgliedern unserer Gemeinde mit Hygieneartikeln, Unterwäsche, Hosen und Pullovern bedacht. Ich selbst bin mit Bettwäsche gut ausgerüstet und kann ihnen Laken, Kissen- und Bettbezüge zur Verfügung stellen. Oft lade ich meine Mieter auch am Sonntag in unsere Landeskirchliche Gemeinschaft abends um 18 Uhr ein. Danach koche ich ihnen immer ein gutes Abendessen. Aber es gelingt mir nicht immer, sie mitzunehmen. Und doch freue ich mich, wenn etliche meiner Einladung folgen und Gottes Wort hören. Dadurch ist es auch möglich, dass sie Befreiung von der Sucht erfahren, einen neuen Arbeitsplatz finden und im Gottesdienst an unserer Seite sitzen. Leider sind es nur wenige, die die Spur zu Christus finden. Aber ich will mich nicht entmutigen lassen. Wie sehr hat Jesus sich gerade um Einzelne bemüht. Wenn einer aber zu Christus findet, kann ich laut jubeln und meinem Herrn für ihre Errettung danken.

Ein hoher Auftrag wird uns von Jesus zuteil, und dafür lohnt sich unser Einsatz. Lässt sich einer von meinen Mietern von Gott retten, dann ist mir jedes Mal zumute, als hätte ich ein Königreich gewonnen. Es kostet Mühe, aber der Einsatz lohnt sich.

Gewiss, ich leide manchmal auch, wenn mein Herz von schwierigen Menschen betrübt wird und das Übermaß von Alkohol und der Genuss von Drogen sie vergessen lässt, dass sie sich höflich mir gegenüber verhalten sollten. Aber bin ich denn immer freundlich und nett zu meinen Mitbewohnern? Auch ich werde schnell ungehalten, wenn sie sich nicht an die Regeln im Haus halten und den Müll einfach auf dem Hof abstellen, obwohl er doch in die Mülltonnen gehört.

Es schmerzte mich sehr, als ich mit ansehen musste, als in relativ kurzen Abständen drei unserer Mitbewohner starben. Ich trauerte um Jens, Mike und Alexander, die mitten im Leben vom Tod hinweggerafft wurden. Öfter ging ich auf den Friedhof, um ihre Gräber in Ordnung zu halten und neue Blumen zu pflanzen.

Aber ich erlebe auch große Freude, wenn Einzelne von Jesus in ein neues Leben geführt werden, ihre Sucht überwinden und wieder ins Berufsleben zurückfinden. Ich will die Hoffnung für einen Menschen niemals aufgeben. Jesus kann und will retten.

Diesen Dienst an den Außenseitern, Tippelbrüdern und Bedrängten will ich mir nicht nehmen lassen, weil ich ja selbst Schweres als Flüchtlingskind erfahren habe und Christus mir seine Liebe erzeigt hat. Darüber lobe ich meinen Herrn. Er bewahrt in den Stürmen unseres Daseins und will neues Gelingen schenken. Von seiner Gnade dürfen wir alle leben und glücklich werden. Durch einen aufrichtigen Wandel in der Nachfolge Jesu darf ich meinen Herrn ehren.

Streiten – aber wie?

Unsere beiden Urenkel spielen ganz vergnügt im Sandkasten. Plötzlich braucht Jonathan ein Schäufelchen und will es für einen kurzen Augenblick aus der Hand von Joschua nehmen. Der Einjährige aber entreißt es ihm wieder und will auf seinen großen Bruder einschlagen. In ruhigem Ton mahnt ihn der Dreijährige: „Joschua, bei uns wird nicht geschlagen." Das war ein gutes, klärendes Wort an seinen jüngeren Bruder.

Mit Gewalt lassen sich Konflikte nicht lösen. Es ist kaum zu glauben, wie schnell es zuweilen zu Auseinandersetzungen zwischen uns Menschen kommen kann. Täglich lesen wir in den Zeitungen von Mord und Totschlag. Heute hörte ich aus den Nachrichten, wie ein Vater im Jähzorn vor den Augen der Mutter das zweijährige Töchterchen erstach. Man hatte ihm das Sorgerecht entzogen und so wollte er sich an seiner Frau mit dem Tod der Tochter rächen. Ich kenne diese Familie nicht, aber die schreckliche Tat hat mich bis ins Innerste getroffen. Manchmal sind es bloß Nichtigkeiten, die uns in einen Streit verwickeln.

Heute Morgen rief mich mit weinerlicher Stimme Frau Glöckner an (der Name wurde geändert.) „Frau Bormuth, helfen Sie mir bitte und beten Sie für mich. Ihre Gebete sind sicher stärker als mein Reden mit Gott. Ich habe solche Angst vor unserem Nachbarn. Als mein Mann noch lebte, gab es keine Auseinandersetzungen mit ihm. Aber schon ein halbes Jahr nach seinem Tod griff er mich an und spielte sich als der Mächtige auf. Dabei fing alles ganz harmlos an. Ich kam vom Einkaufen zurück und konnte nicht auf meinen Hof fahren. Der Nachbar hatte seinen Mercedes direkt vor meiner Einfahrt geparkt. Ich klingelte bei ihm und bat ihn recht freundlich, er möge doch sein Auto ein Stück weiter fahren, denn es versperrte mir den Weg in mein Haus.

Herr Müller aber dachte nicht daran, auf meine Bitte einzugehen. ‚Ich habe jetzt keine Zeit', schimpfte er los. Da ließ ich mich zu den Worten hinreißen: ‚Na, dann hole ich eben die Polizei.' Damit hatte ich seinen Zorn erst recht entfacht. Es wäre besser gewesen, wenn ich diese Drohung nicht über meine Lippen gebracht hätte. Damit hatte ich die gute Beziehung, die wir bisher hatten, zerstört.

Heute weiß ich, dass es nicht klug ist, wenn wir bei einer kleinen Streitigkeit gleich mit der Polizei drohen. Neuer Zwist brach auf. Arbeitete ich im Garten und unser Nachbar ging auf der Straße entlang, dann hörte ich, wie er laut schrie: ‚Pfui Teufel! Pfui Teufel!' Ich wusste sofort, dass er mich damit beleidigen wollte. Am liebsten wäre ich wieder zu ihm rübergegangen und hätte ihm eine tüchtige verbale Abfuhr erteilt: Mit diesen Lästerreden kommen Sie nicht in den Himmel, hätte ich ihm am liebsten noch über den Zaun zugerufen."

Ich versuchte, die Dame zu beruhigen. „Bitte, Frau Glöckner, legen Sie sich nicht mit diesem Mann an. Ich zeige Ihnen einen anderen Weg. Immer wenn Sie an seinem Haus vorbeigehen, dann sprechen Sie ein Gebet für diesen zornigen Menschen und segnen Sie ihn. Nennen Sie seinen Namen vor Gott. Irgendwann wird es der Herr schenken, dass Sie in Ihrer Nachbarschaft in Frieden miteinander leben können."

Mir ist in dieser Beziehung Jesus ein gutes

Vorbild geworden. Als er für unsere Sünden am Kreuz sterben sollte, hat er nicht voller Hass und Gram die Juden beschimpft, die ihn auf Golgathas Höhen sterben ließen, sondern sagte zu dem Verbrecher, der neben ihm hing, diese wunderbaren Worte: „Wahrlich, ich sage dir, heute noch wirst du mit mir im Paradiese sein." Er zürnte nicht denen, die ihm das Leben unmöglich machten, sondern sorgte sich darum, dass der Verbrecher an seiner Seite noch zum ewigen Leben fand. Er kümmerte sich auch um seine Mutter Maria, die schrecklich unter dem Kreuzestod ihres Sohnes hat leiden müssen. Um seine geliebte Mutter versorgt zu wissen, bat er seinen Jünger Johannes, er möge doch für sie sorgen. Er betete auch für alle seine Verfolger, die ihm so übel mitspielten, und flehte zu Gott: „Vater, vergib ihnen, denn sie wissen nicht, was sie tun." Ihn quälten keine Rachegedanken, sondern er behielt die Versöhnung, die nur Gott schaffen kann, im Auge. Schließlich befahl er sich seinem Vater im Himmel an und übergab sich seinen liebevollen Händen.

Ich bin manchmal erstaunt, worüber man sich bis aufs Blut streiten kann. Über alles in der Welt kann man in Zank ausbrechen. So kam kürzlich ein Mieter zu mir und beschwerte sich heftig darüber, dass sich der Nachbar von seinem Toilettenpapier bediene. Ich nahm aus meinem Vorrat, der im Bad liegt, eine neue Rolle und gab sie ihm. Damit hatte ich den Streit geschlichtet.

Die schlimmsten Auseinandersetzungen drehen sich meist um das Geld und um das Erbe. Mein Mann und ich haben schon zu unseren Lebzeiten das Erbe an unsere fünf Kinder aufgeteilt und nur einen kleinen Teil auf dem Sparkonto für die Beerdigungskosten zurückbehalten. Mir sind nämlich zu viele Beispiele bekannt, bei denen es Streit um ein Baugrundstück, um das Erbe des Einfamilienhauses oder um den Goldschmuck der Großmutter gab.

Ich stand einmal in der Gefahr, mich um einige Fotos aus meiner alten Heimat zu streiten, die einige Verwandte unter sich aufgeteilt hatten, während ich meine schwer pflegebedürftige Mutter betreute. Als ich nach ihrem Tod erfuhr, dass für mich nicht ein einziges Foto übrig geblieben war, wurde ich zornig darüber. Gott aber mahnte mich: Lotte, reg dich nicht auf. Lass es wegen ein paar Fotos nicht zum Bruch in deiner Familie kommen. Du bist ja inzwischen auch in dem Alter, in dem deine eigenen Kinder deine Fotos unter sich aufteilen werden. Habe all das Schöne von Bessarabien am Schwarzen Meer, von deinen Eltern und von eurem Hof in Erinnerung. Keiner kann dir diese Erinnerung rauben. Da ist es alles am besten aufgehoben. Der Zusammenhalt der Familie ist wichtiger als so ein paar lumpige Fotos. Behalte dein früheres Leben in gutem Gedächtnis und freue dich deines Lebens.

An dieser Stelle habe ich gemerkt, wie anfällig ich für den Streit war. Gott kann uns noch viel mehr geben als ein Erbstück, das nur Ärgernis hervorruft. So will ich mir die kleine Geschichte von Jonathan und Joschua gut merken und in meinem Herzen die Mahnung bewahren: „Bei uns wird nicht geschlagen!"

Und während ich dies niederschreibe, werde ich an eine Nacht erinnert, in der mir meine Hand ausgerutscht ist. Heute tut mir dies sehr leid. Ich hatte mit meinen Kindern vereinbart, dass sie mir sagen sollten, wenn sie abends fortgehen, wo sie sich aufhalten und wann sie wieder nach Hause kommen.

Ich war eine ängstliche Mutter und so wollte ich immer wissen, was meine Tochter und meine vier Söhne in ihrer Freizeit so taten. Sollte ihnen etwas dazwischenkommen, wäre ich für einen Telefonanruf dankbar.

In einer Nacht aber lief alles aus dem Ruder. Vier Kinder kamen pünktlich nach Hause, nur unser Ältester ließ sich nicht blicken. Ich wartete eine Stunde auf ihn, dann zwei. Vergeblich. So saß ich auf der Eckbank in meiner Küche und schaute ständig auf die Straße. Ist er etwa verunglückt? Ich war sehr beunruhigt. Mitternacht war längst vorbei. Erst gegen zwei Uhr entdeckte ich ihn im Schein der Lampe. Völlig unbekümmert kam er nach Hause. Nach dem Jugendkreis war er mit seinen Freunden zum Maisingen auf den Marktplatz gegangen und hatte vergessen, mir dies mitzuteilen. Ich aber war immer noch voller Angst um ihn und so erregt, dass ich meine Gefühle nicht mehr im Griff hatte. Mich reizte seine unbekümmerte Art, als er fröhlich die Küche betrat. Und so erhob ich meine Hand gegen ihn.

Später im Bett machte ich mir darüber Gedanken. Warum musste mir dies passieren? Der Junge war schließlich schon siebzehn Jahre alt. Da hätte ich für ihn Verständnis aufbringen müssen, dass er mit seinen Freunden das Maisingen auf dem Rathausplatz nicht verpassen wollte. Mir tut mein Verhalten noch heute sehr leid. Nur gut, dass ich bei Jesus um die Vergebung meiner Schuld weiß und auch mit meinem Sohn darüber reden kann. Das mahnende Wort aus dem Epheserbrief war mir damals nicht in den Sinn gekommen, wo es heißt: „Alle Bitterkeit und Zorn sei ferne von euch." (4,31) Wie konnte ich nur so unbeherrscht sein. Diese Ohrfeige war nicht in Ordnung. Derart aufgeregt und zornig hätte ich meinem erwachsenen Sohn gegenüber nicht sein dürfen.

Viele Jahre sind darüber ins Land gegangen, aber vergessen habe ich meine Taktlosigkeit nicht. Ich habe in meiner Erziehung versagt und war in dieser Nacht keine gute Mutter. Das Wort, das der dreijährige Jonathan gesagt hat, will ich mir für immer merken: „Bei uns wird nicht geschlagen!"

Das Buch Ruth

Kein Buch der Bibel findet so viele begeisterte Leser wie das Buch Ruth. Schon der große Dichter Goethe war von dieser Erzählkunst beeindruckt. Hier lernen wir alles kennen, was uns Menschen bekümmert und nachdenklich macht: Hunger, Flucht, Einsamkeit, Fremde, Tod, Alter und Not klingen hier an und weisen auf die vielen Bedrohungen des Lebens hin, auch unseres Lebens. Aber das Buch Ruth spricht auch von Liebe, Treue, Freude, Hilfsbereitschaft und großem Glück.

Doch zunächst hören wir von entsetzlichen Katastrophen. Es war eine Zeit, als in Israel die Richter das Sagen hatten. Plötzlich brach eine schwere Hungersnot aus und die Scheunen blieben leer. Die Menschen litten schreckliche Not. In den Städten gab es kein Brot und auch kein Mehl mehr zu kaufen. Viele Bewohner verließen das Land und zogen in Gegenden, wo der Regen nicht ausgeblieben war und es noch genug zu essen gab. Naomi war mit einem Bauern verheiratet, dessen Name Elimelech hieß. Er bedeutete: *Gott ist mein Vater.* Zwei Söhne gehörten noch zu der Familie.

Ich selbst habe zweimal eine Hungersnot erleben müssen, als wir bei der Umsiedlung aus Bessarabien nach Deutschland in ein großes Lager kamen, und später noch einmal auf der Flucht vor den Russen. Nach der Umsiedlung gerieten wir in Bedrängnis. Wir waren in Quarantäne untergebracht und keiner durfte die riesigen Hallen einer Fabrik, wo wir untergebracht waren, verlassen. Wir sollten hier in Mährisch Ostrau in die neue Kultur des Dritten Reiches eingeführt werden und das Hitlerreich kennenlernen. Achtzehn Monate mussten wir dort ausharren.

Mich hatte der Hunger besonders geschwächt. Plötzlich konnte ich nicht mehr laufen und musste in ein Krankenhaus aufgenommen werden. Aber hier wurde ich das glücklichste Kind auf der Station, denn in der Klinik wurde ich sehr gut ernährt. Ich lernte bald wieder das Gehen, wurde dann aber von der Angst erfasst, man würde mich nun schnell wieder entlassen. Und wirklich, dieser Tag kam. Eines Morgens sagte der Arzt bei der Visite: „Schwester Renate, das Lottchen kann morgen wieder zu seinen Eltern ins Lager entlassen werden." Traurig schaute ich den Arzt an und bat ihn: „Bitte, Herr Doktor, kann ich noch ein bisschen länger hierbleiben? Bei Ihnen ist es doch so schön. Da gibt es immer etwas Gutes zu essen, und ich brauche nicht zu hungern." Der Arzt zwinkerte der Schwester mit den Augen zu und meinte: „Na, dann lassen wir die Kleine noch eine Weile in unserer Mitte." Seitdem liebe ich die Atmosphäre eines Krankenhauses. Für mich ist es immer eine schöne Zeit, wenn ich dort gut umsorgt werde.

Später erlebte ich auf der Flucht vor der russischen Front noch einmal eine schreckliche Hungerszeit. Und auch das Jahr 1946 werde ich so schnell nicht vergessen. Es wurde zum Hungerjahr Deutschlands deklariert. Meine Mutter wusste nicht, was sie mir als Pausenbrot in die Schule mitgeben sollte. Oft fand ich in meinem Ranzen nur zwei kleine Pellkartoffeln. Zehn Jahre lebten wir als Flüchtlinge in großer Armut. Das änderte sich erst, als ich heiratete und mein Mann jeden Monat sein Gehalt erhielt.

Naomi, ihr Mann und die beiden Söhne

sahen keinen anderen Ausweg als auszuwandern. Im Nachbarland Moab gab es genug zu essen, und doch war Naomi vom Unglück verfolgt.

Plötzlich starb ihr Mann. Und als ob dies nicht des Unglücks genug wäre, musste sie nach zehn Jahren auch ihre beiden Söhne hergeben.

Naomi blieb mit ihren beiden Schwiegertöchtern allein zurück. Ihre Traurigkeit kannte keine Grenzen. Sie wollte nun nicht länger in der Fremde leben, sondern zog in ihre Heimat zurück. Inzwischen war die Hungersnot vorüber und Gott hatte sich über das Elend dieser Menschen in ihrer Heimat erbarmt. Es war erstaunlich, dass ihre beiden Schwiegertöchter sie nach Hause begleiten wollten. Naomi musste ein sehr gutes Verhältnis zu ihnen gehabt haben. So riet sie ihnen auf halbem Wege, dass sie doch zu ihren eigenen Landsleuten zurückkehren sollten. Herzlich bedankte sie sich bei ihnen für all ihre Liebe und Hilfe, die sie durch die beiden Schwiegertöchter erfahren hatte. Sie hoffte auch, dass die beiden Frauen in ihrem eigenen Land schnell wieder Partner finden würden, die ihnen ein freundliches Zuhause und viel Zuneigung entgegenbringen würden. Zum Abschied küsste sie beide.

Doch Orpa und Ruth wollten ihre Schwiegermutter nicht allein weiterziehen lassen und weinten bittere Tränen. „Bitte, kehrt doch wieder um!“, beschwor Naomi die beiden jungen Witwen. „Es ist mir nicht möglich, für euch einen liebenswerten Menschen zu finden, der euch heiraten würde. Mein Leben wird wohl weiter notvoll bleiben und ich würde euch nur eine Last sein. Denn Gottes Hand liegt schwer auf mir.“ So nahm Orpa traurig Abschied von Naomi. Ruth aber wollte ihre Schwiegermutter nicht alleinlassen und zog mit ihr in ihre alte Heimat. Mit sehr bekannten Worten, die gerne von Ehepartnern zu ihrer Trauung gewählt werden, erwiderte sie Naomi: „Wo du hingehst, da gehe ich auch hin. Wo du bleibst, da bleibe ich auch. Dein Volk ist mein Volk, und dein Gott ist mein Gott. Wo du stirbst, da sterbe ich auch. Da will ich auch begraben sein. Nur der Tod soll mich von dir trennen.“

In diesem inneren Einssein wanderten die beiden miteinander und erreichten Bethlehem. Wie ein Lauffeuer sprach es sich herum: „Naomi ist wieder zu Hause angekommen.“ Freundlich wurde sie von ihren einstigen Mitbewohnern empfangen. Aber sie konnten die alte Frau kaum wiedererkennen und waren entsetzt, dass ihre liebe Naomi so schwer von ihrem Leid geprägt war. „Ja“, gab sie ihnen zu verstehen, „ich bin wirklich eure Naomi, aber nennt mich lieber Mara, denn die Schwere und Bitterkeit des Lebens haben mir stark zugesetzt. Gott, der Allmächtige, hat mich durch viele Drangsale geführt. Als ich von hier wegzog, war ich noch glücklich und mit meinem Mann vereint. Aber nun komme ich zu euch zurück mit leeren Händen. Das Schlimmste, das mir passiert ist, will ich euch gleich sagen: Mein Mann und auch meine beiden Söhne wurden mir durch den Tod genommen.“

Ruth stand in ihrer Nähe und sprach kein einziges Wort. Keiner der Bewohner wusste, wer sie war und warum sie mit Naomi nach Bethlehem gekommen war. Aber inmitten dieses Leids keimte neue Hoffnung auf. Gewiss, ihre Zukunft war in Dunkel gehüllt. Aber wie in früheren Zeiten hielt Naomi an ihrem Gott fest.

Die erste Begegnung mit Boas, einem guten Helfer

Es war erstaunlich, wie herrlich die Felder um Bethlehem der Reife entgegengingen. Sonne und Regen zur rechten Zeit ließen eine gute Ernte erwarten. Auf den Feldern traten die Arbeiter an, um die Früchte zu ernten. Blieben Garben oder einzelne Ähren auf dem Acker liegen, so konnten diese von Bedürftigen aufgesammelt und für den eigenen Gebrauch verwendet werden. Das wurde den Armen erlaubt.

Ich erinnere mich, wie in diesen Hungerjahren 1946 und 1947 wir Kinder auch auf den Feldern nach Ähren suchten oder Kartoffeln lasen. Außerdem fanden wir im Wald herrliche Blaubeeren und Bucheckern.

Ruth fühlte sich für Naomi verantwortlich und schlug ihrer Schwiegermutter vor, dass sie sich jetzt in der Erntezeit auf den Weg machen wolle, um Ähren zu sammeln. Ihre Hoffnung war es, dass sie auf freundliche Besitzer der Felder traf, die sie beim Ährensammeln unterstützen würden. Damit war Naomi einverstanden. So machte sich Ruth auf den Weg und kam auf das Land eines reichen Mannes mit Namen Boas. Er war sogar noch ein Verwandter ihres Schwiegervaters gewesen, der aber schon lange verstorben war. Doch das war Ruth noch nicht bekannt. So folgte sie den Arbeitern bei ihrem Tun und las die liegen gebliebenen Ähren auf. Eifrig war sie vom frühen Morgen bis zum Mittag bei der Arbeit. So wurden ihre Taschen reich gefüllt.

Aus eigenem Erleben weiß ich, wie fröhlich wir Kinder uns nach getaner Arbeit immer auf den Weg nach Hause begaben, wenn unsere Eimer oder Körbe voller Früchte waren. Wir hatten dann den Eindruck, in schwerer Zeit für die Ernährung unserer Lieben zu Hause gesorgt zu haben. Das stärkte unseren Zusammenhalt in unserer Familie. So ähnlich muss sich Ruth auch gefühlt haben.

Als Boas auf seine Felder kam, war er erstaunt, die fremde Frau auf seinem Acker anzutreffen. Bereitwillig erzählten ihm die Schnitter: „Das ist die junge Frau, die Naomi aus dem Nachbarland der Moabiter hierher gebracht hat. Sie war mit ihrem Sohn verheiratet gewesen, der aber leider früh verstorben ist. Überaus fleißig arbeitet sie seit dem frühen Morgen hier auf dem Gerstenfeld."

Freundlich begrüßte Boas Ruth und erteilte ihr die Erlaubnis, so oft sie wolle, könne sie hier Ähren sammeln. Ohne Angst könne sie gemeinsam mit den Mägden dieser Arbeit nachgehen. Es würde ihr nichts Übles geschehen. Seinen Knechten aber schärfte er ein, ja nicht diese schöne Frau anzurühren. Und Ruth bot er an: „Wenn du durstig bist, dann geh zu meinen Landarbeitern und lass dir von ihnen Wasser geben.“ Dankbar war Ruth für diesen Ratschlag und verneigte sich vor ihm. Sie war total überrascht, dass ihr so viel Freundlichkeit angeboten wurde.

Boas fand Gefallen an dieser jungen Frau und vertiefte sich länger in ein Gespräch mit ihr. Er war verwundert, mit wie viel Liebe sie ihre Schwiegermutter versorgte. Die eigene Heimat verlassen und sich für Naomi einsetzen, das machte sicher nicht jede junge Witwe. „Dir ist hier alles fremd, und doch bist du so fürsorglich Naomi gegenüber. Gott segne deinen Einsatz für deine Schwiegermutter. Er möge dich vor allen Gefahren bewahren und auch dir helfen, dass du hier in Bethlehem Schutz und Geborgenheit findest.“

Ruth ist über dieses liebenswerte Verhalten von Boas erstaunt. Sein Verständnis und seine Hilfsbereitschaft berührten ihr Herz, obwohl sie doch für ihn eine Fremde war. Außerdem lud Boas sie ein, mit ihm in sein Haus zu kommen und das Mittagsmahl gemeinsam einzunehmen. Ruth ließ sich das überaus reichliche und gute Essen schmecken. Danach aber ging sie wieder ihrer Arbeit auf den Feldern nach. Boas schien Gefallen an Ruth gefunden zu haben. denn er bat seine Mägde, doch immer einige Ähren auf den Boden fallen zu lassen, damit sich die Arbeit für Ruth auch lohnte.

Ähnliches habe ich auch einmal erlebt. Ich war so gegen zwei Uhr nachmittags müde auf dem Weg nach Hause von der Schule. Dabei kam ich an dem großen Obstgarten eines Gutes vorbei. Ich blieb am Zaun stehen und bestaunte die vielen heruntergefallenen Äpfel. Wie gerne hätte ich einen davon gegessen, aber das blieb mir ja verwehrt. Mich plagte der Hunger und ein Apfel wäre eine besondere Köstlichkeit für mich. Die Gutsbesitzerin muss mich wohl beobachtet haben. Plötzlich stand sie vor mir. „Könntest du das Fallobst auflesen und mit nach Hause nehmen? Es wäre schade, wenn diese reifen

Äpfel verfaulen würden. Ich hole dir einen großen Rucksack. Den kannst du mir ja später wieder vorbeibringen." Solch ein wunderbares Angebot ließ ich mir nicht zweimal sagen und machte mich gleich an die Arbeit. Es waren wirklich herrliche Früchte, die mir das Wasser im Mund zusammenlaufen ließen. Voller Freude dachte ich daran, wie glücklich meine Eltern und Geschwister zu Hause sein würden, wenn sie diese Köstlichkeiten sähen. Die Gutsbesitzerin händigte mir den Rucksack aus und ich bedankte mich herzlich für ihre wunderbaren Äpfel. Als sie sah, wie sehr ich mich freute, griff sie nach einem Ast und schüttelte noch mehr Früchte vom Baum.

Über siebzig Jahre sind inzwischen ins Land gegangen, aber vergessen habe ich diese großzügige Tat der Gutsbesitzerin nicht. Ich begann alle andern Äpfel, die nicht mehr in den Rucksack passten, auf einen Haufen zu sammeln und bedeckte diesen mit Gras, damit mir die Früchte nicht gestohlen würden. Dann bin ich, so schnell ich konnte, mit meiner teuren, süßen Last nach Hause gelaufen und habe meine Familie damit beschenken können. Diese wohltätige

Gutsbesitzerin habe ich bis heute in meinem Herzen behalten. Es war wirklich eine große Tat von ihr, denn wir waren hungrig nach frischem Obst und hätten es uns nicht leisten können.

Für Ruth rückte der Abend näher. Sie schlug die Körner von den Ähren und füllte damit ihr Gefäß. Je näher sie an das Haus von Naomi kam, desto schneller wurden ihre Schritte. Sie sah in Gedanken schon das erstaunte Gesicht ihrer Schwiegermutter vor sich. Und auch Naomi konnte dieses Wunder nicht fassen.

Dann erzählte Ruth von dem wunderbaren Erleben auf den Feldern von Boas. Naomi segnete diesen Mann im Namen ihres Gottes und wünschte ihm seine Hilfe und seinen Schutz in seinem Leben. In seinen Wohltaten erkannte sie Gottes Handeln, der sich ihrer Armut angenommen hatte. Sie fühlte sich unter den bewahrenden Schutz des Vaters im Himmel gestellt. So riet sie Ruth, auch an den anderen Tagen auf die Felder von Boas zu gehen, denn dann würde ihr viel Gutes geschehen und sie könnten beide hoffnungsvoll in die Zukunft schauen. Sie riet ihrer Schwiegertochter noch: „Halte dich an diesen Menschen. Er steht unserer Familie nahe und gehört zu unseren Lösern.“ Ruth aber verstand nicht, was dieser Satz zu bedeuten hatte.

Ruth in der Ahnenreihe von König David

Jetzt hatte es sich Ruth zur Aufgabe gemacht, jeden Tag auf die Felder von Boas zu gehen und Ähren zu sammeln. Ihre Gefäße waren am Abend randvoll gefüllt und Naomi freute sich über den reichen Ertrag; denn nun war es bald an der Zeit, dass die Felder abgeerntet waren. Hunger müssten sie nicht mehr leiden, denn die Vorratskammer war gefüllt.

Auf Naomi kam nun die Aufgabe zu, für ihre Schwiegertochter einen Lebenspartner zu suchen. So riet sie ihr, sie solle sich salben und dann ihr bestes Kleid anziehen, um damit die Aufmerksamkeit der Männer auf sich zu ziehen. Dann schickte sie ihre Schwiegertochter zu Boas, der gerade auf der Tenne mit der Gerstenernte beschäftigt war. Sie sollte sich nachts zu ihm legen, wenn er nach getaner Arbeit müde eingeschlafen war.

„Verhalte dich ruhig, denn alles, was du wissen musst, wird dir Boas später sagen."

Ruth befolgte Naomis Rat, ging in die Scheune und wartete darauf, dass Boas sich hinter einen Kornhaufen legte und fest einschlief. Dann legte sie sich vorsichtig zu seinen Füßen. Es war schon Mitternacht, als Boas plötzlich wach wurde. Er schreckte auf, als er sah, dass in seiner Nähe eine Frau lag. Sofort fragte er sie: „Wer bis du?" Ruth gab sich ihm zu erkennen und sagte: „Naomi hat mich zu dir geschickt, denn du bist mein Löser." Mit einem trostvollen Zuspruch begrüßte er Ruth: „Du zeigst deine Liebe zu mir, das macht mich glücklich. Mich freut es, dass du bisher ehrbar gelebt hast und nicht jedem jungen Mann in aufreizender Weise nachgelaufen bist. In unserer Stadt weiß jeder, wie unaufdringlich und gesittet du bisher gelebt hast. Du hast nie nach reich oder arm Ausschau gehalten, und ich bin wirklich dein Löser. Bleibe heute Nacht hier, und morgen früh kommt die Stunde, dass ich mit dir über alles reden kann."

Ruth aber fürchtete sich, dass jemand sie beobachtet haben könnte und sie ihren guten Ruf verloren habe. So stand sie sehr früh auf. Boas füllte ihr noch als Geschenk ein großes Gefäß mit Gerste, und dann verließ sie ihn. Mit reichen Gaben kehrte sie zu Naomi zurück. Diese freute sich sehr, als sie das große Gefäß mit Getreide sah, denn nun wusste sie, dass Boas ihrer Schwiegertochter wohlgesonnen war.

Am anderen Tag aber ging Boas mit zehn Zeugen zum Stadttor, wo auch immer wichtige Gerichtsbeschlüsse abgehandelt wurden. Er brauchte diese Zeugen für sein Vorhaben. Ihm ging es darum, für Ruth einen Ehemann zu finden, und erklärte den Zeugen, dass Naomi das Land ihres Mannes Elimelech zum Kauf angeboten habe. Er gab dieses Angebot an einen Ältesten in ihrer Mitte weiter und fügte noch hinzu: „Wenn dies dein Wille ist, dann musst du auch Ruth zur Frau nehmen und mit ihr einen Sohn zeugen, damit der Name ihres verstorbenen Mannes nicht untergehe. So steht es in unserem Gesetz."

Dieser Zeuge war aber mit dieser Regelung nicht einverstanden und winkte ab. Er sagte: „Das wird mir zu viel", und riet: Boas möge Ruth zur Frau nehmen. Er selbst sei bereit, auf sein Recht zu verzichten. Als Bekräftigung seiner Absicht zog er noch seinen Schuh aus. Das galt damals als Zeichen, dass er diesen Vorschlag ernst meinte. Nun war Boas mit allem einverstanden und sagte: „Ich will Ruth zur Ehefrau nehmen und will dafür sorgen, dass ihr Name weiterleben kann. Ihr seid meine Zeugen." Alle erklärten sich mit dem Vorschlag von Boas einverstanden.

Gott möge Ruth segnen, wie er auch Lea und Rahel gesegnet hat, damit Israel, das Volk Gottes, sich vermehrte. Daraufhin holte Boas Ruth in sein Haus und heiratete sie. Nach einem Jahr schenkte Gott diesem Ehepaar einen kleinen Sohn mit Namen Obed. Die Freude darüber war in Bethlehem groß. Die Frauen kamen zusammen und ehrten Gott mit folgenden Worten: „Gelobt sei Gott, der dich getröstet hat. Er hat dir einen Löser geschenkt, der dich im Alter versorgt. Deine Schwiegertochter, die dir mehr bedeutet als sieben Söhne, hat ihn geboren. Sein Name werde gepriesen."

So endet diese Geschichte von Naomi und ihren beiden Schwiegertöchtern überaus glücklich. Ruth war als Fremde nach Bethlehem gekommen und nun wurde sie in die Ahnenreihe aufgenommen, von der König

David abstammt. Und als Urgroßmutter von König David ist sie auch Teil des Stammbaums von Jesus, dem Retter der Welt.

Ein neuer Gast in unserem Haus

Mich erreichte der Anruf eines Bürgermeisters, der mich bat: „Ich suche dringend für einen Obdachlosen eine Bleibe. Er schläft hier in einem Schuppen auf einer alten, schäbigen Matratze. Die Angst peinigt mich, er könnte erfrieren; denn draußen haben wir starken Frost. In unserem Dorf habe ich keine Unterkunft für ihn gefunden. Nur Ihr Name wurde mir genannt. Eine Dame sagte mir: Fragen Sie Frau Bormuth, Sie findet in ihrem Haus immer noch ein Plätzchen, in dem sie noch ein Bett aufstellen kann. Hätten Sie noch ein Zimmer frei?"

Ich war froh, dass ich diesen Obdachlosen aufnehmen konnte. Der Gedanke, dass dieser Mann erfrieren könnte, machte mir Not. Der Bürgermeister war glücklich über meine Zusage, und schon nach zwei Stunden stand er mit dem Obdachlosen vor unserer Tür. „Ich wünsche Ihnen mit Herrn Schmidtke ein gutes Einvernehmen und danke Ihnen herzlich für Ihre Hilfsbereitschaft." So fand der Tippelbruder ein Dach über dem Kopf und musste nicht bei Eiseskälte draußen in einem alten, zugigen Schuppen schlafen. Als ich ihn in sein neues Zimmer führte, war er begeistert und sagte: „O, hier ist es aber schön warm!" Wie sehr freute er sich über seine neue Behausung, obwohl die Stube recht klein war. Herr Schmidtke warf gleich seinen Schlafsack aufs Bett und packte seinen Rucksack aus. Mit einem festen Händedruck bedankte sich der Bürgermeister bei mir. „Der Gedanke, dass dieser Mann bei den kalten Minustemperaturen erfrieren könnte, hat mir viel Kummer bereitet. Ich wünsche Ihnen und Ihrem neuen Gast alles Gute und danke Ihnen für Ihre Hilfsbereitschaft."

Nun wohnt dieser Herr schon über 25 Jahre bei uns. Was mir Not machte, war seine schreckliche Einsamkeit. Dabei stammt er aus einer großen Familie. Obwohl er zwei Töchter hat, die sogar beide in Marburg arbeiten, schauten sie nicht einmal bei ihm herein. Sie wollten mit ihrem Vater nichts zu tun haben und schämten sich seiner Armut.

Einmal war er von einem Auto angefahren worden und lag nun schwer verletzt im Krankenhaus. Ich wurde benachrichtigt, packte ein paar Sachen zusammen und suchte ihn in der Klinik auf. Er war übel zugerichtet. Sein rechter Arm und sein rechtes Bein waren mehrmals gebrochen. Nach etwa 14 Tagen wurde er total eingegipst von den Ärzten entlassen. Ein Krankenwagen brachte ihn zu uns. Ich versuchte, aus seiner Verwandtschaft Hilfe für ihn zu holen. Aber keiner war bereit, ihn zu pflegen. Die Wochen, die nun folgten, waren für mich nicht einfach, denn ich hatte noch nie einen solch schwer kranken Menschen gepflegt. Eine große Hilfe war mir mein Mann, der mich kräftig dabei unterstütze. Noch eh er seine Arbeit am frühen Morgen antrat, half er mir, den Kranken ins Bad zu bringen, ihn zu waschen und dann wieder zurück in sein Bett zu bringen. Erst einige Monate später erhielt unser Mieter einen Betreuer. Dadurch wurde es möglich, die Sozialstation bei weiteren Erkrankungen einzuschalten.

Eine besondere Freude für ihn waren unsere vier Jungen. Oft schauten sie sich gemeinsam mit ihm am Fernseher ein interessantes Fußballspiel an. Nun war er nicht mehr so einsam. Meine Kinder halfen ihm, das Essen einzukaufen, und sie brachten ihm auch die Mahlzeiten ans Bett, die ich für ihn richtete. Nach etwa zehn Wochen ging es ihm besser. Er liebte es, in unserem Ort den nahen Wald aufzusuchen, und war auch gerne in der Stadt in den Geschäften.

Als das Alter ihm schwer zu schaffen machte, wollte sein Betreuer dafür sorgen, dass er in einem Altenheim eine neue Bleibe finden sollte. Aber dazu war er nicht zu bewegen. „Ich bleibe bei Bormuths in meinem schönen Zimmer“, wies er sie ab.

Als in unserer Nachbarschaft ein Ingenieur verstarb, fragte mich seine Frau, ob ich Verwendung für die Kleidung ihres Mannes hätte. Gerne nahm ich dieses Angebot an. Sogar eine wunderschöne Armbanduhr und gute Stiefel erhielt Herr Schmidtke. Gut gekleidet ging er nun spazieren, sodass mich eines Tages die Nachbarin fragte: „Frau Bormuth, wohnt jetzt ein Professor in Ihrem Haus?“ Da ging mir das Sprichwort durch den Kopf *Kleider machen Leute*. So war es tatsächlich.

Stolz ging nun Herr Schmidtke immer zum Bus und kaufte in den Läden der Stadt ein.

Dann aber ereilte ihn eines Tages eine schwere Krebserkrankung. Mehrere Wochen lag er in der Klinik, bis er sein Leben aushauchte. Die Verwandtschaft, vor allem seine Kinder, sollten für eine würdige Beerdigung sorgen und auch die Kosten übernehmen. So forderte dies das Amt. Aber dazu waren sie nicht bereit. Mich machte es sehr traurig, dass es am Ende seines Lebens so viel Streit wegen der Beerdigung gab. Es wurde auch keine Trauerfeier für ihn ausgerichtet und wir erfuhren noch nicht einmal den Tag seiner Bestattung. Keiner von der Familie fühlte sich bereit, Herrn Schmidtke auf seinem letzten Gang zu begleiten. Das hat mich unsagbar traurig gemacht; denn die 25 Jahre Hausgemeinschaft haben uns mit diesem Menschen verbunden. Nun wird Gott das letzte Wort über sein Leben sprechen, das von viel Leid, Entbehrung und Missachtung gekennzeichnet war, aber es wird immer ein barmherziges Wort sein.

Die Botschaft eines Psalms

Im Alten Testament entdeckte ich einen Psalm, der sich an uns Ältere richtet. Mit viel Begeisterung habe ich ihn gelesen und freute mich, dass seine Aussagen auf mein Leben zutreffen. Die Botschaft will uns Zuversicht und Hoffnung geben. Schon der erste Vers in Psalm 71 lautet: „Herr, auf dich traue ich, lass mich nicht zuschanden werden." Wo ich jetzt das biblische Alter erreicht habe, merke ich, wie ich in Anfechtungen falle und mir mein Alltag schwer wird. Angst überkommt mich, wenn ich sehe, wie meine Kräfte nachlassen und meine Zukunft von Schrecken begleitet wird. Seltsame Fragen bewegen mich. Wie lange werde ich noch leben? Kann ich noch mit meinem Mann einige Jahre zusammen bleiben? Woher kommt mir Hilfe, wenn meine Kräfte schwinden? Wie lange kann ich noch meine Freude am Schreiben von Büchern bewahren? Wie wird es meinen Kindern und ihren Familien in Zukunft ergehen? Werden sie ihre Arbeitsstelle behalten können?

Törichte Fragen, auf die es keine Antwort gibt, bedrängen mich. Wie unsinnig sind sie doch, da ich nicht einmal weiß, was der nächste Augenblick bringen wird. Ich brauche eine mutige Entscheidung, dass ich mich bewusst in Gottes Gegenwart stelle und mit Bestimmtheit sage: „Auf dich traue ich, Herr!“ Allen unsinnigen Gedanken muss ich ein kräftiges Nein entgegensetzen, wenn ich ihrer bewusst werde. Allein mein Schöpfer hält die Fäden meines Lebens in seinen Händen. Bei ihm liegt auch die Macht, Widerwärtigkeiten, Krankheitsnöten, der Bedrohung durch Krieg und schlimmen Naturereignissen sein Nein entgegenzusetzen. Ich will mich auf das göttliche Wort stützen, wenn ich schwach werde und angefochten bin. Meine körperliche Kraft schwindet, Menschen, die mir sehr lieb und wertvoll waren, haben mich verlassen und sind in die himmlische Welt aufgenommen worden, die politischen Verhältnisse im Blick auf Zerstörung und Hunger haben in vielen Ländern zugenommen. Täglich wird uns dies in den Zeitungen berichtet. Aber mein Gott und Herr lebt! Er will mir ein starker Hort sein, zu dem ich in meinen Ängsten fliehen kann. Wie in einer starken Burg will er mich schützen. Das ist seine feste Zusage.

So erlebe ich meinen Gott gerade in schwierigen Situationen. Er ist mir zum Orientierungspunkt und zur Quelle meines Vertrauens geworden. Ganz bewusst lebe ich nun schon seit über 73 Jahren in der engen Gemeinschaft mit dem Vater im Himmel. Das hat mich geprägt. Schon in meiner Jugend ist er mir mein bester Freund und Helfer geworden. Auf ihn kann ich mich fest verlassen.

Wenn ich auf meine Jahre zurückblicke, kenne ich aber auch traurige Zeiten. Im Zweiten Weltkrieg wurden meinen Eltern gleich viermal Todesnachrichten zugestellt. Zwei Brüder und zwei Neffen meines Vaters haben ihr Leben verloren. Da habe ich zum ersten Mal meinen Vater weinen gesehen und ich war darüber sehr erschrocken. Er hatte nicht bemerkt, dass ich im Schlafzimmer hinter den Betten mit meinen Puppen spielte. Die Trauer um liebe Menschen haben mir oft Tränen über die Wangen laufen lassen; aber dann durfte ich mich doch nach einer Weile darauf besinnen, dass Jesus uns durch seine Auferstehung den Weg in die

Herrlichkeit gebahnt hat. Mit lautem Jubel singe ich gern das Lied „Wenn nach der Erde Leid, Arbeit und Pein ich in die goldenen Gassen zieh ein …"

Welch ein Vorrecht hat Christus uns geschaffen, dass wir einmal in der Gemeinschaft mit ihm leben dürfen. Aber diese Gemeinschaft darf ich auch hier auf der Erde schon erleben. Gott ist uns in jeder Beziehung ein verlässlicher Partner. So bezeugt uns Psalm 71,6: „Auf dich habe ich mich verlassen von Jugend auf." Diese Wahrheit hat mich besonders froh gemacht.

Als wir uns aus dem Raum Posen auf die Flucht in den Westen begaben, hat mein Vater die sechs besten Pferde ausgesucht und sie frisch beschlagen lassen. Die Straßen waren zugeschneit und glatt. Den weiten Weg anzutreten, war gefährlich. Auf unserer Fahrt haben wir so manchen Wagen im Graben gesehen. Die Pferde, die sich beim Sturz ein Bein gebrochen hatten, lagen am Straßenrand. Noch immer nach über siebzig Jahren danke ich Gott für unsere Bewahrung. Auch mich hat oft die Angst bei schlechtem Wetter und bei Fliegerangriffen gepackt. So sage ich jetzt fröhlichen Herzens: „Herr, für diese wunderbare Bewahrung danke ich dir. Ich kann es kaum fassen, dass wir mehrere Tausend Kilometer vor der russischen Front fliehen konnten und heil in Hessen angekommen sind. Es ging zwar nicht alles glatt vonstatten und besonders hat uns die Angst gepackt, als uns zwei Pferde gestohlen wurden. Aber schnell ordnete mein Vater an, dass wir unser Gepäck auf einen Wagen verladen sollten, um so unsere Fahrt fortsetzen zu können. Ein Pferd wurde dann noch verkauft. So konnten wir trotz allem der sowjetischen Armee entkommen und wohlbehalten im Westen unser Ziel erreichen. Nicht allen Flüchtlingen ist dies geglückt.

Über zehn Jahre dienten unsere Pferde meinem Vater, wenn er dann Holz für Fremde aus dem Wald holte oder auf den Ländereien der Kleinbauern pflügte, eggte und das Korn einsäte. So haben sich mein Vater und meine Mutter den Unterhalt für die Familie verdienen können. Aber es blieb fast zehn Jahre ein kärgliches Unternehmen.

Als unsere Eltern über siebzig Jahre alt waren, wurden die Tiere eines Tage für die Schlachtbank abgeholt. Sie hatten uns viele Jahre treu gedient, aber nun waren auch sie alt geworden und wurden zum letzten Mal aus dem Stall geführt. Meine Mutter vergoss viele Tränen, als sie dabei zusehen musste, wie diese treuen Tiere auf einen Lastwagen geladen wurden und ihre letzte Fahrt antraten. Auch mir hat ihr Verlust wehgetan. Wie oft bin ich mit ihnen auf die Wiesen oder in den Wald geritten. Das war mir immer eine besondere Freude. So will ich, wie es in Psalm 71,8 steht, Gottes Gnade rühmen und mich für alles dankbar erweisen, was er uns an Bewahrung durch unsere tapferen Begleiter geschenkt hat. Großes haben unsere Pferde geleistet. Wir sind nicht wie so viele Flüchtlinge nach Sibirien abtransportiert worden, sondern haben in Westdeutschland eine neue Heimat gefunden.

In Vers 9 bittet der Psalmist eindringlich: „Verwirf mich nicht in meinem Alter, verlass mich nicht, wenn ich schwach werde." In dieser Situation lebe ich nun. Meine Aufgabe, in vielen Orten in unserem Land, aber auch in Amerika, Kanada, Russland, der Schweiz, Österreich, Tirol und Taiwan, das Wort Gottes verkündigen zu dürfen, habe ich jetzt mit über 84 Jahren aufgegeben. Als ich den Schlussstrich unter meine Vortragsreisen zog und keine Anfragen für einen Dienst mehr annahm, hatte ich nicht gedacht, dass mir dies so schwerfallen würde. Zeitweise gewann ich den Eindruck, als säße ich in einem tiefen Loch. Schwermütige Gedanken überfielen mich. Da wurde mir erst bewusst, wie viel Freude mir Gott mit meinem Reisedienst gemacht hat. In weit über tausend Betten habe ich schlafen dürfen und auch die Gastfreundschaft vieler lieben Christen genossen. Als meine fünf Kinder klein waren, kam ich kaum aus meinen vier Wänden heraus. Und dann erreichten mich viele Einladungen zu Vorträgen und Bibelfreizeiten. Viele schöne Freizeitheime, vor allen Dingen in Württemberg und im Erzgebirge, habe ich kennengelernt. Ein intensives Studium des göttlichen Wortes diente mir als Vorbereitung. Abraham, Joseph, Hiob, Jeremia, Jesaja, Nehemia und die Psalmen, dazu viele Texte aus dem Neuen Testament bildeten die Grundlage für meine Verkündigung. Die Arbeit am Wort Gottes machte mir Freude, besonders in den Nachtstunden entstanden manche Predigten. Da wurde ich nicht durch das Telefon oder die Hausklingel oder durch manche Besuche gestört. In den stillen Stunden der Dunkelheit begegnete mir Gott in seinem Wort.

In mehreren Schubladen liegen nun meine Manuskripte. War ich zu Hause, dann nutzte ich die Zeit zum Schreiben. Über hundertundzwanzig Bücher von mir wurden inzwischen gedruckt und fanden viele Leser. Dadurch habe ich das Wort in die Herzen der Menschen prägen dürfen.

An der Stelle habe ich aber auch erlebt, was Vers 10 dazu sagt: „Denn meine Feinde reden wider mich und die auf meine Seele lauern, beraten sich miteinander." Wie oft wurde mir vorgeworfen: „Frau Bormuth, Sie müssen sich mehr um Ihre Kinder und den Haushalt kümmern, als sich hinzusetzen und Bücher zu schreiben. Außerdem haben Sie ja auch einen Mann, dem Sie den Rücken freihalten sollten im Reich Gottes." Gewiss haben mir solche Vorwürfe zu schaffen gemacht. Aber mein Mann hat mich in meinem Tun unterstützt und mir Mut gemacht: „Lotte, die Nörgler, die dir so etwas vorwerfen, kennen unsere Kinder gar nicht und waren nie in unserem Haus und Garten."

Oft haben wir an den Abenden, wenn mein Mann von seinem Unterricht nach

Hause kam, zusammengesessen und uns über das biblische Wort ausgetauscht. Das hat auch unsere Ehe bereichert.

Wir haben uns im Studium der Theologie kennengelernt. Karl-Heinz hat mir beim Erlernen der hebräischen und griechischen Sprache geholfen. Während mein Mann heute noch seine Bibel in beiden Sprachen lesen kann, gelingt mir das nicht mehr. Durch meine Arbeit im Haus und Garten und in der Betreuung meiner fünf Kinder war ich ausgelastet und habe die Fremdsprachen zum größten Teil verlernt. Das tut mir leid, mein Einsatz in der Familie hat mich stark beansprucht. Aber der Vorwurf, ich hätte meine vier Söhne und meine Tochter vernachlässigt, ist nicht gerechtfertigt. Ich habe mit ihnen mehr Diktate und Aufsätze geschrieben als zu meiner Zeit im Gymnasium. Neulich rief mich sogar eine Frau an und warf mir vor, ich sollte mit dem Bücherschreiben sofort aufhören und mich mehr auf die Ewigkeit vorbereiten. Aber zu diesem Vorwurf habe ich mich am Telefon nicht geäußert.

Gott hat uns viel Gutes getan. Meine fünf Kinder lernten das Wort der Bibel zu lieben und gingen gerne in den Jugendkreis unserer Gemeinde. Vier von ihnen stehen im Dienst für Gott. Meine Tochter ist Leiterin im christlichen Francke-Verlag und somit meine strenge Chefin. Der älteste und jüngste Sohn sind Pfarrer geworden, Johannes ist Steuerberater im Diakonieverband und dort für die Finanzen zuständig und Matthias ist Professor in Oldenburg.

Täglich bringe ich die Aufgaben meiner Kinder und Enkel im Gebet vor Gott. Beten ist mir in meinem Alter zum wichtigsten Anliegen geworden. Auch manche Leserin ruft mich an und teilt mir ihren Kummer, ihr Leid und ihre Probleme mit. Wenn ich am Schluss des Telefonats behutsam meine Anrufer frage, ob es ihnen recht sei, dass ich mit ihnen noch ein Gebet spreche, ist mir dies noch nie versagt worden. Uns so darf ich auch im Alter noch ein reiches Leben mit Gott führen und weiß, dass ich noch gebraucht werde.

Es ist mir ein großes Geschenk, dass ich diese Aufgaben noch wahrnehmen kann, und ich bin Gott von Herzen dankbar dafür.

Mein kleines Bambeli

Von einer Frau aus der Schweiz, die eine begeisterte Leserin meiner Bücher ist, erhielt ich diese Geschichte von einem Rehkitz. Ihr Name ist Sonja Moser und sie bat mich, in einem meiner neuen Bücher ihr Manuskript abzudrucken. Selten hat mich ein Rehkitz so fasziniert und ich bin ihrer Bitte nachgekommen. So berichtete sie mir:

Mein Heimatort ist Gstaad in der Schweiz und diese Geschichte ereignete sich ungefähr vor 60 Jahren in Schönried, einem kleinen Ort. In einer alten Hütte, die von vielen Bäumen und Sträuchern umgeben war, geschah das frohe Erlebnis. Wir besaßen einen Bauernhof und ich wuchs mit noch zwei Geschwistern darin auf. An einem Abend, als wir gerade beim Nachtessen saßen, klopfte ein Nachbar an unsere Tür. Meine Eltern luden ihn an unseren Tisch ein. Freundlich bewirteten sie ihn mit einem köstlichen, kräftigen Essen, denn meine Mutter war eine gute Köchin. Wir bemerkten sofort, dass er ein kleines Rehkitz auf seinem Arm trug. Es war in seine weite Jacke gewickelt.

Auch er besaß wie wir einen Bauernhof. Sein Knecht war vor wenigen Stunden gerade damit beschäftigt gewesen, oben auf einem Berg den Zaun zu reparieren, damit die Kühe und Kälber nicht in die Freiheit entlaufen konnten. Bei seiner Arbeit entdeckte er ein kleines, verlassenes Rehlein. Er nahm es auf den Arm und brachte es seinem Bauern. Dieser erklärte ihm, dass jetzt die Mutter dieses Rehkitz nicht mehr annehmen würde, da es von Menschen angefasst worden war. Sicher wäre das kleine Tier zugrunde gegangen, weil es noch nicht in der Lage war, sich selbst im Wald Futter zu suchen. Wahrscheinlich müsste es verhungern. So bat der Knecht, dass wir dieses kleine Rehlein aufnehmen und es pfleglich behandeln sollten, bis es groß genug sei, um dann mit anderen Artgenossen im Wald leben zu können. Der Knecht war davon überzeugt, dass wir drei Mädchen sicher Freude an diesem niedlichen Rehkitz haben würden. Sie würden sich sicherlich auch gut um seine Aufzucht kümmern.

Mit diesem Vorschlag waren meine Eltern

einverstanden. Am nächsten Tag kam der Tierarzt ganz unverhofft auf unseren Hof, um eine Kuh zu untersuchen, die gestürzt war. Ich fragte den guten Doktor, wie ich dies Tierlein versorgen müsste, denn es war das erste Mal, dass wir ein kleines Reh auf unserem Hof hatten. Als er mir sagte, dass dieses Tierchen bald sterben würde, war ich sehr enttäuscht. Es sei schon schwer krank und sehr schwach. Ich sollte mir nicht allzu viel Mühe machen. Dann verließ er uns und ging weiter den Berg hinauf zu einem anderen Landwirt. Ich stand da und war total traurig. Seine Art, mit mir zu reden, verschlug mir die Sprache. Aber zum Glück kam mir ein guter Gedanke in den Sinn.

Ich griff zum Hörer und telefonierte mit dem Wildhüter in Gstaad. Dieser verständnisvolle Mann sagte mir sofort zu, dass er bei uns vorbeikommen würde, um mir dabei behilflich zu sein, dieses kleine *Waseli*, wie die Schweizer sagen, aufzupäppeln. Er machte mir sogar viel Mut und freute sich, dass ich dieses Tierlein annehmen würde. Er brachte mir einen großen Strohballen und einen Sack mit Spezialfutter für unseren neuen Bewohner auf dem Bauernhof mit.

Hoch interessant waren für mich seine Erläuterungen. So sollte ich, wenn ich dem Tier die Flasche gab, ihm auch sein Hinterteil säubern und ihm danach mit lauwarmem Wasser oder mit Milch den kleinen Popo abwischen. So handelt nämlich auch die Rehmutter mit ihrem Nachwuchs und leckt den Hintern mit ihrem Maul ab. Diesen Vorschlag setzte ich in die Tat um und wiederholte sechsmal am Tag diese Prozedur. So erholte sich mein kleiner Schatz und wurde sogar ganz gesund. Einen Monat lang behandelte ich meinen süßen Patienten auf diese Weise und das Rehkitz wuchs zu einem bildhübschen Tierlein heran.

Da unser Hof direkt neben einem Sessellift lag, kamen viele Touristen zu uns und hatten ihre Freude an dem lieblichen Tier. Oft warfen mir die Besucher aus dem Sessellift 20, manchmal auch 50 oder auch mehrmals hundert Franken herunter, damit ich immer gutes Futter kaufen könnte. Uns hat solch große Anteilnahme natürlich gefreut.

Meine Mama zimmerte im Stall eine große Box mit einer Tür und einem Riegel davor. Das wurde für unser *Waseli* sein Nachtquartier. Jeden Tag sorgte ich für frisches

Heu und Stroh. Morgens und abends lief es mir in die Arme, weil es gutes Futter haben wollte. Nachts schlief das Rehlein in seinem warmen Stroh. Ich schob den Riegel vor das kleine Türlein, wenn es Ruhe brauchte, und wusste es in guter Obhut. Am Morgen öffnete ich ihm die Tür und mein Bambi hüpfte fröhlich auf den Hof. Rings um unser Grundstück wuchs fettes Gras und das Tier ernährte sich davon. So wuchs und gedieh es ganz prächtig. Wenn ich rief: „Mein *Waseli*, komm zu mir!“, dann stellte es seine Ohren auf und kam mir entgegen. So zutraulich war es geworden.

Vor unserer Hütte hatten wir eine Laube im Garten mit vier Treppenstufen. Ich mühte mich ab, mein Bambi zu lehren, wie es über die Stufen im Gartenhaus auch zu mir in die Küche kommen könnte. Das hat das Tier sehr bald begriffen. Schnell wie der Wind eilte es heran, wenn es mich am Kochherd schaffen hörte. Sehr zutraulich war es geworden, und so wurde das Rehlein mein bester Freund. In meiner Schürzentasche hatte ich immer süße Plätzchen versteckt, damit habe ich das Tierlein gefüttert. Oft suchte es schon mit seinem kleinen Mäulchen in meiner Schürzentasche nach den *Gützli*. Herzig sah es aus, wenn es die Süßigkeiten in seinem Mäulchen hatte. Sogar die Stufen lernte es hinaufzuspringen.

Aber dann kam der Tag, an dem wir uns voneinander trennen mussten. Mein kleiner Freund lief täglich weiter in den Wald, aber zu den Mahlzeiten und zum Schlafen kam er immer zu mir zurück.

Aber irgendwann wurde mir bewusst, dass das Reh jetzt nicht mehr wiederkommen würde. Als es in den Wald hüpfte, drehte es sich noch einmal nach mir um und mir war klar: Jetzt würde es nicht mehr zu uns auf den Hof kommen.

Mir wurde es weh ums Herz und die Tränen liefen mir über die Wangen. Der Trennungsschmerz war heftig, denn wir hatten uns lieb gewonnen. Über ein Jahr haben wir uns nicht mehr gesehen.

Es war in der Zeit der Heuernte und wir haben tüchtig gearbeitet. Aber als es anfing zu regnen, gingen meine Mutter und ich nach Hause und legten uns schlafen. Plötzlich hörte ich draußen einen seltsamen Laut, so wie ich ihn immer von meinem Bambi gehört hatte, wenn es sich mir genähert hatte. Mir war sofort bewusst: Jetzt steht mein kleiner Freund vor unserer Tür. Ich öffnete schnell mein Eckfenster und erblickte einen großen Rehbock vor mir, wie er über den Zaun sprang und dann in Richtung Wald verschwand. Wer aber zitternd die Stufen in unsere Küche lief, war mein Bambeli. Es war von einem Bock verfolgt worden und hatte ihm ein Schnippchen geschlagen. Der Bock konnte ja nicht ahnen, dass mein Rehlein einst seine Heimat bei uns gefunden hatte. Wieder lief es mir in die Arme und schnüffelte an meiner Schürzentasche. Enttäuscht musste es feststellen, dass sie leer war. Aber auch mit einem Stückchen Brot, das ich ihm gab, war es zufrieden. Danach lief es wieder in den Wald zurück und verschwand aus meinem Blickfeld.

Über ein Jahr verging. Der Herbst zog ins Land. Wir hatten Besuch und saßen mit acht Personen hinten im Garten beim Kaffeetrinken. Wunderbar schien die Sonne vom Himmel. Gerade blickte ich in die Wolken, und was sah ich auf mich zukommen? Etwa zehn Meter von mir entfernt erkannte ich mein Bambi mit zwei kleinen Rehkitzen. Meine Freude war groß und ich rief ihm freundliche Worte zu, denn ich war glücklich, mein Findelkind wieder zu sehen. *Waseli* hatte mich noch nicht vergessen. Ich versuchte, ihm herzlich zuzuwinken und ihm deutlich zu machen, wie mich sein Kommen freut. Es wollte mir seinen Nachwuchs vorstellen. Nun vergoss ich viele Tränen vor lauter Freude. Ich war froh, dass ich den Besuchern auch die beiden Rehkitzen vorstellen konnte. Ein Staunen erfüllte uns. Solch eine Freude über ein Reh mit seinen Jungen hatten unsere Gäste noch nie erlebt.

Mir aber geht diese bewegende Geschichte mit *Waseli* nicht aus dem Sinn. Ich sehe auch darin die Freude, die mir Jesus geschenkt hat. Ich habe inzwischen meinen Herrn Christus kennengelernt und bin in seine Nachfolge getreten. Welch enge Beziehung hat sich zwischen uns ergeben. Mir wurde bewusst, dass Jesus keine noch so kleine Tat vergisst, sondern mich immer wieder daran erinnert. Nun bin ich alt geworden, aber *Waseli* lebt weiter in meinem Herzen.

Darf ich als Autorin noch etwas hinzufügen? Mich hat diese kleine Geschichte vom *Waseli* an meinen Konfirmationsspruch erinnert.

Da sagt Jesus: „Was ihr einem meiner geringsten Brüder getan habt, das habt ihr mir getan." Gilt das nicht auch einem kleinen Rehkitz, das seine Mutter verloren hat? Ganz sicher. Frau Sonja Moser ist mir darin ein Vorbild. Mein tägliches Lesen in der Bibel lehrt mich, Jesus besser kennen und lieben zu lernen und auch die mutterlosen hilfsbedürftigen Tiere nicht zu vergessen. Das ist mein Wunsch.

Kinder bauen eine Stadt

In der heutigen Zeit müssen sich die Pastoren schon etwas einfallen lassen, um Kinder für die Jugendarbeit und den Kindergottesdienst zu gewinnen. Unserem Sohn Daniel, er ist Pfarrer in Bad Sooden-Allendorf, ist dies mit der Lego-Woche gelungen. 50 Kinder ließen sich dazu einladen. Daniel freute sich über das gute Echo, das diese Aktion in seiner Gemeinde hervorrief.

Nun fand schon zum dritten Mal zu Beginn des Neuen Jahres diese Veranstaltung statt. Jeden Morgen versammelten sich die Jungen und Mädchen zum Beten, Singen und Kennenlernen der biblischen Geschichten. Das Leben Abrahams aus dem Alten Testament wurde ihnen vorgestellt und 15 Jugendliche hatten dafür sogar ein Bibeltheater eingeübt. Mehrere Episoden des Vaters des Glaubens wurden ihnen vorgeführt. Dieses Schauspiel war sehr beeindruckend. Nach der biblischen Einführung nahmen die Kinder die Gelegenheit wahr, unter Anleitung unseres Sohnes und der Jugendreferentin Häuser, Züge, Flugzeuge, Dampfer, Rennautos, Villen, Polizeistationen und vieles mehr aus mehreren Hunderttausend Legosteinen aufzubauen. So entstand ein buntes Panorama. Gegen Ende des frohen Beisammenseins wurden die Eltern, Großeltern Paten, Geschwister und Freunde der Kinder in die Kirche eingeladen, um die Wunderwerke der Kleinen zu besichtigen und sich anschließend zu einem Gottesdienst für Jung und Alt einzufinden. Mit großer Begeisterung bestaunten sie das Werk ihrer Kinder und feierten dann in Andacht und Stille eine gottesdienstliche Versammlung. So will es Gott, unser himmlischer Vater, dass die Familien Freude am Leben gewinnen und sich für all ihre Aufgaben zu Hause und in der Schule vom göttlichen Wort zurüsten lassen. Die Eltern dankten dem Pfarrer und seiner Mitarbeiterin herzlich für ihren Einsatz und zugleich baten die Kinder, dass im kommenden Jahr wieder eine Lego-Woche geplant werde. Das versprach ihnen unser Sohn und fröhlich applaudierten die Kinder mit den Eltern.

Worte Gottes, die mich erfreuen

Das Erste, das ich am Morgen lese, wenn die Oberhessische Presse in meinen Briefkasten flattert, sind die Todesanzeigen. Aber nicht die Namen der Verstorbenen interessieren mich, denn ich kenne diese Menschen meist nicht, sondern ich halte Ausschau nach Worten der Heiligen Schrift, die über den Anzeigen stehen. Heute habe ich Glück, denn ich finde gleich drei Zitate aus der Bibel, die mir ins Blickfeld fallen. In ihnen sehe ich Grüße von Gott für meinen Alltag und ich bewege sie in meinem Herzen. Über dem Namen eines Verstorbenen lese ich: „Ich bin das A und das O, der Anfang und das Ende, spricht der Herr." Bei Anna Katharina F. wurde der Spruch ausgesucht: „Meine Zeit steht in deinen Händen." Und über der Todesanzeige von Christel K. fällt mir der verheißungsvolle Spruch auf: „Jesus lebt, mit ihm auch ich!" Diese Aussagen begleiten mich durch meinen Tag und ich fühle mich reich beschenkt.

Wie ist gerade der letzte Ausspruch von

unfassbarer Wahrheit und Schönheit. Mitten in meinem oft anfechtungsreichen Leben kommt mir Jesus neu entgegen. Seit 68 Jahren fühle ich mich mit ihm verbunden. Damals bei einer Jugendfreizeit hat mich der Herr in seine Nachfolge gerufen. Welch reiche Erfahrungen habe ich machen dürfen. Sehr zaghaft war der Beginn dieser neuen Begegnung. In einer stillen Stunde versprach ich Jesus, täglich meine Bibel zu lesen und den Kontakt zu ihm im Gebet zu suchen.

Ich denke zurück an meinen Konfirmationsspruch: „Was ihr getan habt einem meiner geringsten Brüder, das habt ihr mir getan." Zunächst verstand ich nicht, warum der Pfarrer solch einen Vers über mein junges Leben stellte. Ich war hoffnungsvoll in meine Zukunft gestartet und nun wurde ich aufgefordert, mich der geringen Brüder anzunehmen. Mit geringen Brüdern wollte ich nichts zu tun haben. Dafür fehlte mir das Verständnis. Aber schon wenige Monate später verstand ich, warum mich gerade dieser Spruch auf meinem Lebensweg begleiten sollte.

Der Pastor bat mich eines Tages darum, mich doch um zwei Mitkonfirmandinnen zu kümmern, die beide durch eine schwere Erkrankung blind geworden waren. Es waren zwar keine geringen *Brüder*, aber Schwestern, die mich fortan begleiteten. Marianne war mit 15 Jahren in die Klinik eingewiesen worden, weil sie schlecht sehen konnte. Und dann geschah das Schreckliche. An einem Morgen wachte sie auf und wunderte sich, warum die Rollläden an ihrem Fenster nicht hochgezogen waren. „Lasst es doch endlich hell werden", bat sie eine Krankenschwester. „Es ist doch ein neuer Tag angebrochen." Bestürzt lief die Schwester aus dem Zimmer und rief den Arzt. Dies war wohl die schlimmste Nachricht, die er seiner jungen Patientin mitteilen musste. „Marianne, wir haben deine Sehkraft nicht retten können. Deine Augen haben versagt und du wirst für den Rest deines Lebens blind sein."

Später erzählte mir Marianne, dass dies der dunkelste Augenblick für ihr Leben war. Sie war doch in die Klinik gekommen, um besser sehen zu können, und nun sollte sie für immer blind sein. Darüber war sie fassungslos und schrie verzweifelt auf: „Herr Doktor, heilen Sie mich!" Der Arzt strich seiner Patientin sanft über die Stirn und versuchte, sie zu beruhigen, was ihm aber nicht gelang. Sie konnte es nicht begreifen, dass sie ihre Mutter, ihren Vater, ihr Schwesterchen nicht mehr würde sehen können. Der Gedanke, keine Sonne, keinen Schmetterling, kein Häschen im Wald, keine Blume und keinen Stern mehr am Himmel erblicken zu können, stürzte sie ins Elend. Tagelang weinte sie bitterlich, auch wenn die Krankenschwestern an ihrem Bett standen und sie liebevoll betreuten.

Nach dem Krankenhausaufenthalt kam Marianne nach Hause. Nun war es meine Aufgabe, mich ihrer anzunehmen. Zweimal in der Woche am Sonntag und am Montag besuchte ich sie im Nachbarort und widmete mich auch Elisabeth, ihrer Freundin, die schon als kleines Kind durch eine schwere Augenerkrankung blind geworden war. In dieser Zeit las ich mit meinen neuen Freundinnen die Bibel, wir beteten zusammen und ich brachte ihnen viele Glaubenslieder bei. Außerdem gingen wir gerne spazieren und erzählten uns die schönsten Erlebnisse, die wir hatten. Am Sonntag holte ich sie zum Gottesdienst ab und am Montag gingen wir gemeinsam zum Jugendkreis. So wurden beide in ihrem Glauben an Gott gestärkt und lernten, das Unbegreifliche zu tragen.

Sechs Jahre blieb ich mit beiden jungen Mädchen eng befreundet. Dann trennten sich unsere Wege. Ich ging nach dem Abitur zum Studium nach Marburg und Elisabeth und Marianne besuchten eine Einrichtung der Blindenstudienanstalt. Dort lernten sie ihre Lebenspartner kennen und heirateten. Marianne wurde Mutter von drei Kindern und Elisabeth brachte zwei Mädchen zur Welt.

Der Umgang mit meinen beiden Freundinnen hat mich tiefer in das göttliche Wort eingeführt. Mein Leben mit Jesus wurde reich. Dadurch erfüllte sich mein Konfirmationsspruch und ich lernte, Jesus immer besser zu lieben.

Jetzt, da ich das biblische Alter längst überschritten habe, begreife ich immer mehr, was mir die Todesanzeige von Anna Katharina F. zu sagen hat: „Meine Zeit steht in deinen Händen."

Wenn Menschen das Altern mit Worten verzaubern wollen, werde ich ärgerlich. Denn ich erlebe jetzt fast täglich, wie viele Einschränkungen und Entbehrungen ich ertragen muss. Vieles, was mir früher bedeutsam gewesen war, muss ich loslassen. 25 Jahre lang habe ich z. B. in der Telefonseelsorge Dienst getan. In vielen Nächten hörte ich mir die Nöte von Menschen an und versuchte, sie zu verstehen und ihnen Mut zuzusprechen. Vor allen Dingen war es meine Aufgabe, mich um Selbstmordgefährdete zu kümmern. Ich versuchte, diese oft verzweifelten und mutlosen Menschen in die Gegenwart Christi zu stellen und ihnen die Schönheit des Glaubens aufzuzeigen. Das hat Gott oft bewirkt.

Aber manchmal gelang es auch nicht, diese Entmutigten von ihrem Entschluss, sich selbst zu töten, abzubringen. Um sie trug ich viel Leid. Ich erinnere mich noch daran, wie ich morgens in der Zeitung las: „Meine liebe Mutti hat mich verlassen". Diese Sechsjährige hatte ich persönlich kennengelernt und ich hatte mich sehr um ihre Mutter bemüht. Daher begriff ich auch, wie viel die Kleine verloren hatte. Die Nachricht vom freiwilligen Tod der Mutter wollte mir alle Hoffnung nehmen. So wurde ich von dem Gedanken umgetrieben, meinen Dienst in der Telefonseelsorge aufzugeben. Aber unser Leiter machte mir Mut. In einem längeren Gespräch verstand ich seinen Ratschlag, den er mir gab: „Frau Bormuth, wir sind nicht Herren über das Leben von Menschen. Manchmal ist ihre Todessehnsucht so groß, dass wir sie nicht davon befreien können. Aber das soll unser Trost sein: Das letzte Wort über diese Verzweifelten wird Jesus selbst sprechen, und es wird immer ein barmherziges Wort sein."

An diesen Zuspruch klammerte ich mich und stellte mich auch weiter unter die Last der Mutlosen und lernte, sie in der Bedrängnis und Betrübnis ihrer Seele zu verstehen.

Dankbar bin ich, dass Jesus mir in meinem Alter einen neuen Weg gezeigt hat, wie ich Menschen helfen kann. Auch wenn ich die Nachtschichten in der Telefonseelsorge nicht mehr durchstehen kann, so darf ich doch weiter trösten und müden Anrufern aufhelfen, dass sie aus ihrem Kummer aufstehen und nach vorn blicken. In vielen meiner Bücher ist meine Adresse vollständig angegeben. So können mich meine Leser anrufen und mir ihre Freuden, aber auch ihre Nöte sagen.

So ist das Trösten auch jetzt wieder zu

meinem Auftrag geworden. Das macht mich glücklich. Solche Augenblicke sind mir wirklich ein großes Geschenk. Ich will den Ärger über mein Alter, der mich manchmal überfallen will, schnell überwinden. Gott meint es unendlich gut mit mir und gebraucht mich noch in meiner Schwachheit und in meinen trüben Tagen. Diese Barmherzigkeit führt mich ins Lob Gottes hinein.

Mit dem Vers „Ich bin das A und das O, der Anfang und das Ende“ spricht Gott mir zu, dass ich mich selbst nicht so wichtig nehmen sollte. Gott der Herr hat die Verantwortung für mein Leben übernommen und weiß am besten, was mir hilft und nützlich ist. Vertrauensvoll darf ich mich an ihn wenden, denn er ist mein Schöpfer, der mich ins Leben und in die Gemeinschaft mit ihm gerufen hat. Er wird auch meinen Endpunkt setzen. Zu seiner Zeit. Mit diesem Trost will Gott mir die Angst vor der Zukunft nehmen. Und so lerne ich die Geborgenheit bei ihm schätzen und bin gewiss: Das Schönste kommt noch!

Adresse:
Lotte Bormuth
Sperberweg 8a
35043 Marburg
Tel. 06421/41347